从汤姆生谈粒子物理学

刘枫　主编

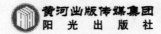
黄河出版传媒集团
阳光出版社

图书在版编目（CIP）数据

从汤姆生谈粒子物理学 / 刘枫主编 .—— 银川：阳光出版社，2016.7（2022.05重印）

（站在巨人肩上）

ISBN 978-7-5525-2777-3

Ⅰ.①从… Ⅱ.①刘… Ⅲ.①汤姆逊，J.J.（1856–1940）–生平事迹–青少年读物②粒子物理学–青少年读物 Ⅳ.① K835.616.11–49 ② O572.2–49

中国版本图书馆 CIP 数据核字 (2016) 第 179087 号

站在巨人肩上　从汤姆生谈粒子物理学　　　　刘枫　主编

责任编辑	金小燕
封面设计	瑞知堂文化
责任印制	岳建宁

黄河出版传媒集团　阳光出版社　出版发行

地　　址	宁夏银川市北京东路139号出版大厦（750001）
网　　址	http：//www.ygchbs.com
网上书店	http：//shop129132959.taobao.com
电子信箱	yangguangchubanshe@163.com
邮购电话	0951–5047283
经　　销	全国新华书店
印刷装订	天津兴湘印务有限公司
印刷委托书号	（宁）0020178

开　　本	710 mm×1000 mm　1/16
印　　张	9.25
字　　数	148千字
版　　次	2016年7月第1版
印　　次	2022年5月第2次印刷
书　　号	ISBN 978-7-5525-2777-3
定　　价	35.80元

前　言

哲人培根说过:"读史使人睿智。"是的,历史蕴含着经验与真知。

科学的发展是一个漫长的过程,一代又一代的科学家曾为之不懈努力,这里面不仅有着艰辛的探索、曲折的经历和动人的故事,还有成功与失败、欢乐与悲伤,甚至还饱含着血和泪。其中蕴含的人文精神,堪称人类科技文明发展过程中最宝贵的财富。

本系列丛书共30本,每本以学科发展状况为主脉,穿插为此学科发展做出重大贡献的一些杰出科学家的动人事迹,旨在从文化角度阐述科学,突出其中的科学内核和人文理念,提升读者的科学素养。

为了使本系列丛书有一定的收藏性和视觉效果,书中还汇集了大量的珍贵图片,使昔日世界的重要场景尽呈读者眼前,向广大读者敬献一套图文并茂的科普读本。

由于编者水平有限,加之时间仓促,疏误之处在所难免,敬请广大读者批评指正。

编者

目　录

汤姆生的自我介绍

我坚持奋战五十余年，致力于科学的发展。用一个词可以道出我最艰辛的工作特点，这个词就是「失败」。

——汤姆生

名句箴言

自我介绍

我是约瑟夫·约翰·汤姆生，1856年12月18日我出生在英国曼彻斯特郊区。我父亲是苏格兰人，他是书商和出版家。由于父亲的原因，我有机会和一些学者接触。14岁的时候我进入曼彻斯特欧文学院。在大学学习期间，我受到了司徒华教授的精心指导，学业提高很大。1876年我到剑桥大学三一学院继续深造。毕业后，我进入卡文迪许实验室,进行电磁场理论的实验研究工作。

1884 年,我 27 岁时当选为皇家学会会员。同年,我的老师瑞利辞职,他推荐我任卡文迪许实验室的主任。

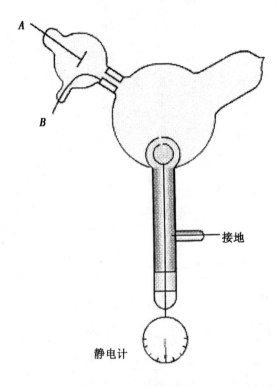

阴极射线管

关于阴极射线的研究在当时,有两种学说:一种是微粒说,认为阴极射线是带负电的"分子流",代表这种学说的有克鲁克斯、佩兰等人;另一种是波动说,认为阴极射线是一种电磁波,代表这种学说的有哥德斯坦、赫兹等人。与此同时,我利用旋转镜法测量了阴极射线的速度,否定了阴极射线是电磁波。我又通过阴极射线在电场和磁场中的偏转,得出了阴极射线是带负电的粒子流的结论。此外,我进一步测定了这种粒子的比荷,和当时已知的电解中生成的氢离子的荷质比相比较,假定阴极射线的电荷与氢离子的电荷相等而符号相反,从而得出阴极射线粒子的质量约为氢原子的千分之一。我还给放电管中充入各种气体进行试验,发现其荷质比跟管中气体的种类无关。并且又用铅和铁分别作电极,其结果也变。由此我得出结论,这种粒子必定是所有物质的共同组成成分。

我把这种粒子叫作"电子"。从此使人类认识了第一个基本粒子。

1906 年,由于我在气体导电方面的理论和实验研究而荣获诺贝尔物理学奖。

汤姆生（1856—1940年）生于英国曼彻斯特近郊，他父亲是书商和出版家。汤姆生原来打算成为一名工程师。14岁汤姆生进曼彻斯特的欧文斯学院（后改为曼彻斯特大学）攻读工程专业。父亲去世后，家里经济困难，无法替他交纳工程实习所需的一笔保险费，就改学本来就很喜爱的物理和数学。他在欧文斯学院受到了良好的训练，因为这里很早就开设实验课。毕业后，他得到了靠奖学金到剑桥大学三一学院继续深造的机会。指导他在电磁理论方面进行系统研究的老师，是著名物理学家瑞利。瑞利很注重动手能力，一开始就让他进行实验室的实际工作。所以很早时他就发表过关于静电单位和电磁单位比值的论文。

在物理学经典理论方面汤姆生有很深造诣，尤其在热学和电磁学方面。麦克斯韦的名著《电磁学通论》（第三版）就是经他整理出版的。汤姆生自己虽然并不是很擅长实验技术，但他很熟悉实验中的实际工作，善于设计，思维活跃，在选择研究课题、组织和指导实验室成员开展工作等方面,都能很好地发挥导师的作用。他在同事们和学生们的协助下,自己也完成了很多精彩的实验。在连续担任卡文迪许实验室主任的 35 年中,他把卡文迪许实验室建设成了世界第一流的物理学研究基地。

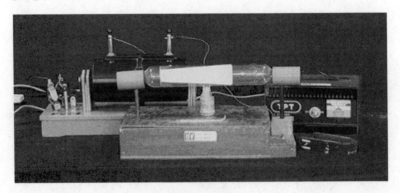

阴极射线管

1895 年起,在汤姆生主持下,卡文迪许实验室开始从世界各国招收研究生,形成了一个以他为核心的研究集体。经他培养的研究人员中有七人获得诺贝尔奖。他从事的研究对物理学的发展有重要影响。例如:研究阴极射线导致了电子的发现,研究正(离子)射线,导致了质谱仪的发明和同位素的研究;研究原子模型,为卢瑟福发现原子核和玻尔发展原子理论开辟了道路。汤姆生还根据自己和他人的实验(包括勒纳德的铝窗实验)判定,阴极射线的微粒(即电子)要比普通分子原子小得多,是原子的组成部分。

下面,本书就将以世界著名物理学家和他们的巨大贡献为主线,向您讲述粒子物理学的起源与发展。

原论立　德克　　特
子创人　谟利

对一个尚未成熟的少年来讲，坏的伙伴比好的老师起的作用要大得多。

——伊索

名句箴言

德谟克利特与原子论

德谟克利特（约公元前 460—公元前 370 年）古希腊唯物主义者，出生于色斯雷的海滨城市阿布德拉的一个富裕家庭，当时的阿布德拉是个大商埠，海外贸易发达，各地的商人往来频繁。

他的父亲在当地是一位很有资产和地位的人。由于父亲的原因，德谟克利特从小就见多识广。小时候，他曾拜波斯术士和星象家为师,学习过神学和天文学,对东方文化也有着浓厚的兴趣。在学习和思考的时候他非常地专心,有时把自己关在一间小屋里。一次,父亲从小屋里牵走了一头牛,他都没有察觉到。他的想象力非常丰富,并且刻意培养自己的想象力,有时他到荒凉的地方去,或者一个人待在墓地里,以激发自己的想象力。

德谟克利特曾经到过雅典学习哲学。后来拜访过埃及,埃塞俄比亚,波斯和印度等地,前后长达十几年。在埃及他曾向那里的数学家学几何;在尼罗河的上游他研究过那里的灌溉系统;在巴比伦他向僧侣学习如何观察星辰,推算日食发生的时间。回到故乡阿布德拉后,他担任过那里的执政官。在繁忙的政务的空隙,他一直坚持在哲学和自然科学知识方面的探索,并且在艺术方面也有一定的发展。

德谟克利特

德谟克利特经常外出游历,花光了父亲留下的大部分财产。他又整天写那些别人认为荒诞的文章,在花园里解剖动物的尸体,以至族人都认为他发疯了。有些别有用心的人,控告他浪费祖上留下的财产,对族中的事漠不关心,把好好的园子变成荒地。根据当时的法律,被判这种罪的人,要被剥夺一切权利并被驱逐出城外。但是,聪明善辩的德谟克利特在法庭上据理力争,终于被判无罪。

德谟克利特之所以在后来对原子论的见解把握的准确性那么高,和他平时在各方面的积累是分不开的。他研究过天文、地质、数学、物理、生物等许多学科,并提出了圆锥体、棱锥体、球体等体积的计算方法。他对逻辑学的发展也做出了重要的贡献。德谟克利特的著作涉及自然哲学、逻辑学、认识论、伦理学、心理学、政治、法律、天文、地理、生物和医学等许多方面,据说一共有 52 种之多,遗憾的是到今天大多数都散失或只剩下零散的残篇了。马克思和恩格斯因此赞美他是古希腊人中"第一个百科全书式的学者"。

德谟克利特在自然科学上最重要的贡献就是他继承和发展了留基伯的原子论,为现代原子科学的发展奠定了基础。原子是非常小的,不但肉眼看不出来,就是用显微镜也看不出来。那么在两千年前,原子论是怎么提出来的呢?其实上古时代的原子论不是科学理论,它并不是以实验为基础而只是一种哲学意义上的推测。

德谟克利特的老师留基伯首先提出物质构成的原子学说,认为原子是最小的、不可分割的物质粒子。原子之间存在着虚空,无数原子从古以来就存在于虚空之中,既不能创生,也不能毁灭,它们在无限的虚空中运动着构成万物。

德谟克利特继承并发展了留基伯的原子学说,指出宇宙空间中除了原子和虚空之外,什么都没有。原子一直存在于宇宙之中,它们不能被从无中创生,也不能被消灭,任何变化都是它们引起的结合和分离。

原子在数量上是无限的,在形式上是多样的。在原子的下落运动中,较快和较大地撞击着较小的,产生侧向运动和旋转运动,从而形成万物并发生着变化。一切物体的不

留基伯

同,都是由于构成它们的原子在数量、形状和排列上的不同造成的。原子在本质上是相同的,它们没有"内部形态",它们之间的作用通过碰撞挤压而传递。

根据这样的理论,德谟克利特还提出了他的天体形成学说,即在一部分原子由于碰撞等原因形成的一个原始漩涡运动中,较大的原子被赶到漩涡的中心,较小的被赶到外围。

中心的大原子相互聚集形成球状结合体,即地球。较小的水、气、火原子,则在空间产生一种环绕地球的旋转运动。地球外面的原子由于旋转而变得干燥,最后燃烧起来,变成各个天体。

在德谟克利特的原子论里没有神存在的空间,他认为神是原始人在残酷而奇妙的自然现象面前感到恐惧,再加上知识的匮乏而臆造的。其实,除了虚空和永恒的原子外,从来就没有不死的神灵。他甚至认为,人的灵魂也是由最活跃、最精微的原子构成的,因此它也是一种物体。原子分离,物体消灭,灵魂当然也随之消灭。

德谟克利特发展了留基伯的学说,他的原子论后来又被伊壁鸠鲁和克莱修所继承,再后来被道尔顿所发展,从而形成了近代的科学原子论。但是,他在继承留基伯的原子说时,也延续了留基伯原子不可分的思想,从而留下了永久的遗憾。

德谟克利特是这样用原子论解释认识论问题的:从事物中不断流溢出来的原子形成了"影像",而人的感觉和思想就是这种"影像"作用于感官和心灵而产生的。这就是他的"影像说"。他还区分了感性认识和理性认识。认为感性认识是认识的最初级阶段,人的感官并不能感知一切事物,例如原子和虚空就不能为感官所认识,当感性认识在最微小的领域内不能再看、再听、再嗅、再摸的时候,就需要理性认识来帮助,因为理性具有一种更精致的工具。

　　德谟克利特把感性认识称做"暧昧的认识"，把理性认识称为"真理的认识"。因为在他看来，原子本身之间没有什么性质的不同，人们感觉所感知的各种事物的颜色、味道都是习惯，是人们主观的想法。德谟克利特的原子唯物论思想是古希腊唯物主义发展的最重要成果。

原子唯物论的创立者——德谟克利特

　　德谟克利特主张世界上一切事物都是相互联系的，都受因果必然性和客观规律的制约。他认为，原子在虚空中相互碰撞而形成的漩涡运动是一切事物形成的原因，他称之为必然性。在强调必然性时，他否定了偶然性，把自然界的一切作用都归结为必然性。

　　在政治上，德谟克利特属于奴隶主民主派，代表着奴隶主工商业者的利益。他从理论上论证奴隶主民主共和国比贵族专制优越，并认为不要使国家获得太多的权利，以妨碍公共的事业。他还认为一切都取决于国家：国家幸福，公民也就幸福；国家灭亡了,公民也跟着灭亡。他强调:在一种民主制度下过贫穷生活,也比在帝王统治下享受所谓幸福要好一些,就像自由比奴役好一样。

德谟克利特主张道德可教,他特别强调教育的重要性,认为道德教育可以改变一个人的性格,造成人的第二本性,而教育方法应该以鼓励和说服为主。他也很注重个人的道德修养,强调要与自己的思想作斗争,每天都有新思想。这种斗争的胜利就标志着个人的道德进步,并能使人成为深思熟虑的人。

德谟克利特的伦理思想是古希腊幸福论伦理思想的典型。他认为,人的幸福与不幸居于灵魂之中,善与恶都来自灵魂,每个人都有独立的意志和人格。人的自然本性就是求乐避苦,而道德的标准也就是快乐和幸福。能求得快乐就是善,反之即是恶。但是,他所说的快乐并不是暂时的、低级的感官享乐,而是有节制的、精神的宁静和愉悦。他强调德行不仅是言辞,更重要的还是思想和行动,人们应该热心地按照道德行事,而不要只是空谈道德。

德谟克利特按照他的幸福论原则,对智慧、勇敢、节制、正义,以及义务和良心等道德范畴作了与柏拉图截然不同的解释,在西方伦理学史上做出了积极的贡献。

跟我來！　欧洲的巴尔干半岛是欧洲 10 个半岛中最著名的三大半岛之一。它东临黑海，南接地中海，西靠亚得里亚海，美丽的多瑙河如腰带般从它的中部流过。山川蕴秀，使这一地区成为人类古文化的著名发祥地。巴尔干半岛的东部在古代称为色雷斯，意思是"高低不平的土地"，古希腊领土的大部分都处于这个地区。公元前 460 年，在色雷斯的阿夫季拉小城，诞生了一位后来成为古希腊著名学者的人物，他的名字叫德谟克利特。

德谟克里特的出生地——巴尔干半岛

那时候,阿夫季拉小城的人们并不思考,他们觉得世界不过如此,像我们每天看到的就是一切,没有什么好研究的,因而这里的大部分人都去经商致力于发财之路了。就是在这样的环境中德谟克利特出生了,他的出现似乎就是为了向那非科学而重眼前利益的世俗传统挑战。据说他出生时,他家里正在接待国王的到来。国王为了表示对所受款待的感谢,临走时留下了几个随从学者,让他们教导这个小孩。

这个故事不一定是真的,但德谟克利特从小受到良好的教育。同当时所有著名学者都外出游历过一样,德谟克利特也把外出游历看作是最好的学习方式。他父亲死后,他便开始去周游世界了。他到过埃及、埃塞俄比亚、波斯、印度等国。在那里他拜访官吏、祭司,接触社会上的各类人物,还不放过聆听每一个著名学者讲演的机会。他后来说:"我可以算是国中游历最多的人,我所学习的范围比任何人都广。我到过许多国家,听过许多名人的演讲。"

结束了长期的游历,德谟克利特回到了阿夫季拉。迎接他的是世人的嘲弄与轻蔑,在阿夫季拉人眼里,德谟克利特简直是个疯子,他不但把钱财全浪费在毫无意义的游历上,而且回来后连一项"有用"的工作都不干。

但德谟克利特不以为然，他依旧进行自己的思考，思考世界，思考宇宙。那无涯无际的星空，那变化不定的气候，那不可捉摸的时间和空间，大到太阳小到灰尘都成为他思考的对象。他的这种行为使一些朋友很替他担心，以为他真的神经有点毛病，于是便请来当时著名的医生希波克拉底。朋友们的目的是请医生治病，却不曾想到，他们的举动促成了这两位历史伟人的相会。

希波克拉底的最初目的确是为了诊治病人的。他们见面后谈了些什么呢？现在已经无法知道了。也许他们谈了医药，因为德谟克利特也懂得一些医药学；也许谈远东那些希波克拉底从未去过的国家；也许谈了雅典之所以成为希腊政治文化中心；也许谈了组成世界的最小最基本的东西是什么。总之，当他们开始了谈话，希波克拉底就明白了德谟克利特是不需要医生的，他从心底里佩服这位深刻而广博的思想家和学者了。事后，希波克拉底毫不掩饰他对这位大学者的崇拜，他对人们说："如果说有什么毛病的话，那是你们，而不是德谟克利特！"

德谟克利特用什么征服了希波克拉底呢？毫无疑问，是用他深邃的思想，德谟克利特是继爱奥尼亚学派以后，继续努力用比较简单的要素来解释物质特性的哲学家。我们身边的世界究竟是由什么构成的？这个问题自古以来就是人们思索得最基本的问题之一。对这个问题的不同解答反应了思想家和学者的不同思考。泰勒斯认为是水，另一位希腊学者阿克那希曼德认为是气，还有一位赫拉克利特认为是火，毕达哥拉斯学派则认为与数的法则相符合的完整单子是终极存在。而德谟克利特却说：甜也好，苦也好，热也好，冷也好，事实上最终都是原子和虚空。毕达哥拉斯学派曾有一句名言："人是万物的尺度。"这便是说，人是权衡一切的最终根据。德谟克利特不同意这种见解，他认为追根溯源，包括人在内的一切都是原子组成的。德谟克利特是人类最早的原子论者。德谟克利特认为，原子是永恒的存在，从来就有，也永远不会毁灭——"保有刚体的单一性而坚固"。它们在大小和形状上是多种多样的，但在本质上却是一样的。因此，万物具有不同的性质是由于那些终极性质相同的原子的大小、形状、位置和运动等方面的不同而产生的。原子在无限的空间向四面八方运动，互相冲击，引起了直线运动和旋转，这样就把类似的原子结合在一起，组成元素，从而形成了无数世界。这无数世界生长、衰退，以致最后毁灭，只有与本身环境相适应的体系才能存在下来。德谟克利特说，原子有轻有重，轻的原子浮在空中，成为空气，重的原子则沉在下面。在铁和石头中，原子只能颤动或振动，而在空气或火中，它们能在较大距离上跳跃。至于造成人体的原子，都是些最好的、最光滑、最活跃的。

德谟克利特用他的原子论来解释一切，甚至用原子来解释瘟疫和疾病。他认为，人间的传染病是由于天上星体爆裂，落下来的原子引起的，这些原子是属于天上的，从来就是人类的仇敌而传播疾病。至于睡眠，德谟克利特也认为是由于身体内丧失了一部分原子的结果。如果丧失得太多，身体便沉入昏死状态，若是完全丧失了，人就死了。但丧失的原子并不死，不过是停止作用于人而已。原子不会死，人类变成原子后就永生了。德谟克利特还认为连人的心灵也是由一种极细微的，类似火的原子构成的，这些原子构成心灵然后安在肉体上，并布满全身，造成各种器官，行使各种

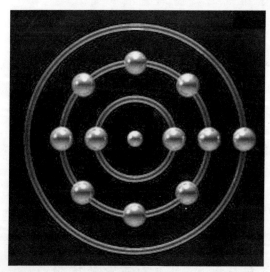

钠的原子结构

职能。这些见解真是一些天才的想法,这种古代的原子论同近代建立在科学的观察、测量、计算而提出的原子论不同。近现代科学通过对物质体积和重量上的比例,进行精确地定量计算而推定出确定的事实。这些事实使人们不能不形成原子和分子的观念,并且断定原子和分子都有相对的原子量或分子量。而德谟克利特并没有准确的观察事实,也没有能力通过实验来验证哪怕是任何一点想法。他的理论是建立在对世界一种哲学思考的基础上,只是取决于提出者的才华和心理状态。所以我们说这只是天才的猜想,朴素的唯物主义原子论,它同近代道尔顿、阿佛伽德罗等科学家提出的原子分子说有着质的区别。

尽管如此,德谟克利特仍不失他天才学者的位置。他的原子论证实了人类思维能力的发展。

德谟克利特除了提出他的原子理论以外,还对科学发展有过不少贡献。著名的立体几何中"圆锥、棱锥的体积是其同底同高圆柱、棱柱体积三分之一"的命题,就是德谟克利特最先证明的。他还认为,人的脑是思维中心,而心是发怒的器官,肝是欲望的器官。他称脉搏是"血脉的跳动";认为婴儿在母体内是由胎盘吸吮食物,所以一生下来就会吃奶。在宇宙观上,德谟克利特认为

　　地球不可能是宇宙的中心，宇宙中有许多原子，它们造成很多像太阳系的天体。地球不过像尘埃一样绕着太阳转罢了。他的这些思想都走到了历史的前面。

　　德谟克利特非常喜欢这句话："一个人应当追求丰富的思想，而不是丰富的学识。"然而他自己却是个既有丰富的思想，又有丰富学识的人。

色科家尔
盲学道顿

名句箴言

我的座右铭是：午夜方眠，黎明即起。

——道尔顿

道尔顿与原子论

约翰·道尔顿于 1766 年出生在英格兰北方鹰田庄。由于家境贫寒他只有在 11 岁读过私塾，后来几乎是靠自学掌握了科学知识。他才智早熟，12 岁就接替私塾的老师开始教学。他在 15 岁来到肯德尔城，担任那里一个初中的助理教员。

在肯德尔城，道尔顿自学了拉丁语、希腊语、法语、数学和自然哲学。由于眼界的开阔，他希望找到一个博学的老师指点他。这时他认识了一个富有的教友派教徒——盲人哲学家豪夫。

青年时期的道尔顿

在这位学者的辅导和鼓励下，他学到了很多外语和科学知识，并开始对自然界进行观察，搜集动、植物标本，特别是详细记录气候变化。

道尔顿经常带着他自制的温度计、气压计到各个地带去观察气象。五十多年中他每天坚持观测、记录气象数据，观测记录达20多万条。在当时气象学还是一门薄弱的科学，在这方面的进行研究的人很少。1793年道尔顿初步总结了他的观测结果，出版了《气象观测论文集》。这本著作对气象学的发展，起了一定的启蒙作用。此时道尔顿年仅27岁，由此这位初中助理教员引起了科学界的注意和重视。

由于这部论文集的出版以及豪夫的推荐，曼彻斯特城一所专科学校聘任道尔顿担任讲师。曼彻斯特是当时英国的纺织业中心,交通便利,文化也发达。道尔顿在这里接触到很多新知识,这使他在科学上成长很快。他经常到公共图书馆借出各种书籍,阅读到深夜。他在一封给故乡亲友的信中提到他当时的学习情况:"我的座右铭是:午夜方眠,黎明即起。"

学校无意培养道尔顿只想借重他的名声,所以安排了很重的教学任务。由于没有充足的时间做研究,到了1799年,他毅然辞掉了这个职务。

辞职后,道尔顿听从了朋友的建议,租了几间房准备开办私人讲学。这样他建立了自己的实验室,一边可以学习研究,一边招收了几位学生。虽然收入比作讲师时少了很多,但在时间却充裕了很多。除了每星期四下午的娱乐休息,他的大部分时间都花在实验研究上。原子论的实验证明和他的名著《化学哲学新体系》就是在这里完成的。

在对气象持久、深入的观测中,道尔顿在思考:"含一种

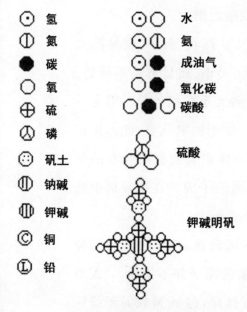

符号	名称	符号	名称
⊙	氢	⊙○	水
◑	氮	⊙◑	氨
⬢	碳	⊙⬢	成油气
○	氧	◑⬢	氧化碳
⊕	硫	○⬢○	碳酸
⊗	磷		硫酸
⊙	矾土		
◖	钠碱		
◗	钾碱		钾碱明矾
ⓒ	铜		
ⓛ	铅		

道尔顿开始用的符号

成分的气体,或者是含多种成分的气体,怎么会变成一个混合均匀的气体(均相)呢?"为此,他提出过很多解释,但一直感到不满意和缺乏根据。到了 1803 年,他根据气体的体积或压强随着温度的升高而增大这一事实,把气体间的排斥力解释为热的作用,并且描述了气体微粒——原子。在观察笔记中,道尔顿写道:"物体的最后原子乃是在气体状态时被热质围绕的质点或核心。"也就是说,气体原子有一个处于中心的核,周围被一层热质所笼罩(形成热氛),即中心的核与周围的热氛组成一个气体原子;由于热氛的存在,气体原子之间产生排斥力;当温度升高时,这种热氛就增多,排斥力增大,气体的体积或压强就随之增大。

道尔顿认为同种物质的原子,其形状、大小、质量都是相同的;不同物质的原子,其形状、大小、质量都是不同的。他写道:"我认为不同气体之质点的大小必然各异。因为一体积氮与一体积氧化合,则生成二体积的氧化氮,此二体积中氧化氮的原子总数,不能多于一体积氧或氮所含有的原子数。因此,氧化氮原子必较氧、氮原子大。"在这段话中隐含着化学反应中原子不能再分的观点。

至于混合气体的扩散以及压强问题,道尔顿认为同种物质的原子间相互排斥,不同物质的原子并不排斥。"A 与 B 混合在一起时,A 微粒之间相互排斥,但 A 微粒并不排斥 B 微粒。因此,施加在一个微粒上的压力,完全来自与它相同的微粒。"这就解释了气体分压定律——混合气的总压是每一种气体单独存在时各自分压的总和。同时也解释了存在于一个容器中的两种原子质量不同的气体为什么不会出现分层的问题。

亨利(1774—1836年)作为道尔顿的挚友在研究中给了道尔顿很大的帮助,他曾说过:"每一种气体对于另一种气体来说,等于是一种真空。"道尔顿用实验证明了它的正确性。同时这句话的证明也为道尔顿的气体分压定律建立了基础。对一些问题亨利经常有深刻而独到的想法,但他缺乏将它们系统起来并公之于众的勇气。1802年,在道尔顿的鼓励下,亨利在英国皇家学会详细阐明了气体溶解度与其分压的关系——一种气体在水中的溶解度(不发生化学反应)正比于这种气体的分压强。这条定律后来被称为"亨利定律"。受亨利的启发道尔顿在其后的研究中注意到,在相同的压强下不同气体的溶解度差别很大,于是他设想:"一系列气体的溶解度取决于这些粒子的重量。其中最轻的、最简单的必是最难溶解的。气体粒子的溶解度随其重量与复杂程度而增加。终极粒子(原子)本身的相对重量是我的研究课题。这是一个全新的课题。"这大概就是他格外强调相对原子质量(原子量)的最初想法。

只有赋予原子以相对质量(原子量)的意义,道尔顿的原子论才不同于以往哲学臆测的原子论而具有了现代科学定量实验的特征。

1803 年 9 月，道尔顿利用掌握的一些数据分析、计算出了第一批原子量。1803 年 10 月 21 日，在曼彻斯特的"文学和哲学学会"上，道尔顿第一次阐述了他关于原子论以及原子量计算的见解，并公布了他的第一张包含有 21 个数据的原子量表。在这份报告中道尔顿已经概括了科学原子论的以下三个要点：

元素（单质）的最终粒子称为简单原子，它们极其微小，是看不见的，是既不能创造，也不能毁灭和不可再分割的。

它们在一切化学反应中保持其本性不变。

同一种元素的原子，其形状、质量和各种性质都是相同的；不同元素的原子在形状、质量和各种性质上则各不相同。每一种元素以其原子的质量为最基本的特征。

不同元素的原

思考中的道尔顿

子以简单整数比相结合,形成化学中的化合现象。化合物原子称为复杂原子。复杂原子的质量为所含各种元素原子质量的总和。同一化合物的复杂原子,其组成、形状、质量和性质必然相同。

1804 年,化学家汤姆生(1773—1852 年)听说了道尔顿关于原子论的阐述,他专门来拜访道尔顿。整整两天他们在一起热烈、详细地讨论了原子学说。其后的几年里,汤姆生热情地支持和宣扬道尔顿的原子学说,使这一学说很快被广大化学界所熟悉。道尔顿也受到汤姆生的启发,将研究重点由物理角度转向了化学。他认识到倍比定律对原子论的证明具有重要意义,便重点研究了这一课题。

1799 年,移居马德里的法国药剂师普罗斯(1754—1826年)提出了定组成定律——两种或两种以上的元素化合形成某种化合物时,其质量之比是一定的不由人力所增减。

当时法国化学权威贝托雷(1748—1822 年)强烈反对这一定律,认为"一种物质可以与有相互亲和力的另一种物质以任意比例相化合"。贝托雷在研究化学反应时,更重视反应过程而非产物。例如他曾准确地指出:"某些化学反应是可逆的。在可逆反应中,反应物的数量会影响生成物的产量。"贝托雷尝试着做实验来反对定组成定律,但他有时将不同的生成物当成一种物质。

为了答复贝托雷,普罗斯写了多篇论文。他首先承认几种元素可以生成不止一种化合物，但这些化合物的种类不多，一般只是两种，而且每种化合物都有各自的组成；在这几种化合物间，化合比例的变动是"猛烈的"，而非逐步地"渐变"。他着重指出贝托雷所应用的实验产物，实际上是"混合物"而非"化合物"。通过这场科学辩论，普罗斯第一次清楚地把化合物与混合物的区别开——"混合物的各种成分可以用物理方法分离开，而化合物中的各种成分只能用化学方法来分解"。他指出溶液、玻璃、合金等物质都属于混合物。

经过几年的辩论，到了 1808 年，定组成定律被广泛接受。这使拉瓦锡开创的定量化学实验方法得到了巩固，而倍比定律的确立，也给原子论提供了直接的证明。

1803 年，道尔顿分析出两种碳的氧化物（CO 与 CO_2），测得两种气体中碳与氧的质量比分别是 5.4：7 和 5.4：14。

1804 年，道尔顿意识到原子论本身具有倍比定律的含义，或者说倍比定律是原子学说必然的推论。为了确证倍比定律，他开始了广泛的实验研究。他分析了沼气（甲烷）和油气（乙烯）的组成，测得其中碳与氢的质量比分别是 4.3：4 和 4.3：2，由此可知与同样质量碳化合的氢的质量比为 2：1。类似的情况出现于其他成对的化合物中。这使道尔顿明确地提出了倍比定律——当两种元素化合生成两种或多种化合物时,若固定其中一种元素的质量,则另一种元素的质量互相成简单整数比。

1808 年,《化学哲学新体系》(第一册)出版,这是道尔顿最重要的著作。在书中他全面阐述了原子学说及其实验根据,对 1803 年的原子量做了多处修正。为了表示各种原子他还设计出一套符号,用这些符号的组合来表示化合物中原子的排列。

关于倍比定律道尔顿解释说:"元素 A 与元素 B 可能形成两种化合物;在第一种化合物内,两个 A 原子与一个 B 原子化合,而在第二种化合物中,一个 A 原子与一个 B 原子化合。假如是这样,则在第一种化合物内与一定质量 B 化合的 A 的质量将是第二种化合物内 A 质量的两倍。实验证明确实如此。"

至此,道尔顿建立科学原子论"给整个科学创造一个中心"。科学家们开始用原子论解释实验现象,又将实验结果归结到原子论。从原子论出发,人们建立了一个又一个科学的理论,推动化学乃至整个自然科学向前发展。

名句箴言

在理论的政治的认识上，站稳着脚步，才不至于随时为某些现象或谣言而动摇自己的革命信仰！

——方志敏

原子量测定中的困难

原子学说赋予不同的元素以定量的特征——原子量，使定量实验和化学计算得以实现。因此有人说，定量化学时期是从道尔顿而不是从拉瓦锡开始。但道尔顿测定原子量的从一开始就遇到了巨大的困难。

确定原子量（即相对原子质量）最困难的部分就是确定化合物内的原子个数比。例如氢与氧化合生成水，一份质量的氢需 8 份质量的氧。如果氢、氧原子个数比为 1∶1，则氧原子质量是氢原子质量的 8 倍；如果氢、氧原子个数比为 2∶1，则氧原子质量是氢原子质量的 16 倍。原子个数比不同得出的相对原子质量不同。在缺乏其他实验方法的情况下，道尔顿一开始认为水中只含一个氢原子和一个氧原子。他把氢定为标准原子量，规定其的原子量为 1，从而得出氧的原子量为 8。根据对氨组成的分析（含氢 20%，含氮 80%），认为氨中只含一个氢原子和一个氮原子，得出氮的原子量为 4。

在没有其他实验根据的情况下，道尔顿看不出怎样确定原子个数比，于是他假定：凡是两种元素只能形成一种化合物，则化合物内两种元素

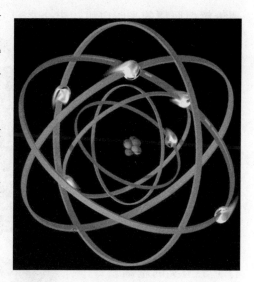

原子结构

的原子个数比为 1∶1；若能形成两种化合物，则在这两种化合物内，原子个数比分别为 1∶1 和 1∶2……

由于错误的假定导致了错误的结果。加上当时实验数据缺乏、精确不高，道尔顿的原子量与现代的原子量出入很大。

在定量实验和化学计算中使用错误的原子量是得不到正确结论的,原子理论的应用因此也遇到了巨大的阻力。这就是戴维和法拉第认为没有必要相信原子论的原因。1834年法拉第电化当量定律的发现,使人们更趋向于使用当量值。而原子量测定工作一再出现矛盾和反复,只有一些远见卓识的科学家仍然坚持苦苦摸索。他们认识到了原子理论和原子量测定工作对于化学乃至整个自然科学发展的重要意义,相信原子理论辉煌照耀的光明白昼一定会来到。

在这些探索者中瑞典化学家贝采里乌斯最为突出,他用二十年的时间和他的同事、学生一起分析了约两千种化合物的组成,采用了多种理论和方法,取得了十分接近现代值的原子量。他们这些浩繁的工作为原子论的复兴打下了坚实的基础。

道尔顿的《化学哲学新体系》第二、三册很快出版。在第二册中他描述了当时已知元素的化学性质;第三册补充了一

贝采里乌斯

些实验结果。中国科学院藏有该书初版的第一、第二两册，在第二册扉页上有道尔顿赠爱丁堡医学会的亲笔字迹，弥足珍贵。

道尔顿终生未娶，他自己解释说没有时间去结交女朋友。这里也顺便提一下法拉第，他曾写下一首长诗发誓要为崇高的科学事业奉献终生而一辈子不结婚。他把诗给一位朋友看过后，法拉第很快得知朋友的妹妹暗恋着他。法拉第很快激起了爱情的浪花，把原来的长诗改成了情诗与这位朋友的妹妹结婚。法拉第夫妻一生没有生育，但他们过得十分愉快、和谐。

与法拉第充裕的晚年生活相比，道尔顿的经济情况并不宽裕。当时许多著名学者，如戴维、法拉第、布朗、歌德等，都和他有来往。一些学者常常拜访道尔顿，当他们看到

法拉第

道尔顿简朴的房间感到十分意外。由于这些学者的呼吁，英国政府在道尔顿 67 岁以后开始给道尔顿发养老金，并给他配置了一些家具等。

1837 年，道尔顿轻度中风，行动很不方便，但他仍坚持做实验并继续教课。他将实验成果写成论文，寄给由他参与创办的英国科学促进会，请人代为宣读。1842 年道尔顿 76 岁，他最后一次参加英国科学促进会的年会。一些会员们关切地询问这位长者的身体情况时，他说："我还能做化学实验，不过每一次实验所费的时间，要比过去多三倍到四倍，我的计算能力虽然衰退，算起数来很缓慢，但还能计算。"

道尔顿就是这样一位将一生毫无保留地献给科学事业的伟大学者。1844 年 7 月 28 日清晨，道尔顿在他的卧室里安详地熟睡了。他终于走完了他艰辛、果敢、睿智、富于意义的一生。

在英国曼彻斯特市政广场，后人为了纪念道尔顿雕塑了他的铜像。每年来自世界各地的凭吊者络绎不绝，缅怀这位伟大学者。

从伦敦出发沿泰晤士河西行，经牛津、过布利斯托尔再一直北上225公里，就到达了英国著名的城市曼彻斯特。这座城市曾经享有一系列世界第一的盛誉：它曾经为英国工业首府，也是世界第一个近代工业城市，被称作"维多利亚工厂"。1842年，焦耳在这里第一个证明热与机械功之间的转换，找出了著名的"热功当量"，伟大的无产阶级革命导师恩格斯曾在这个城市里工作多年，写下了名著《英国工人阶级状况》。道尔顿和原子论的故事也发生在这享有盛誉的曼彻斯特。

1844年8月的一个礼拜天。曼彻斯特市政厅做出决议，给一个普通市民以该市公葬市民的荣誉。他的遗体安放在市政厅鲜花翠柏丛中，4万多市民（当时曼彻斯特市有40万人口）络绎不绝地前往致哀吊唁。公葬时有100多辆马车随行送葬，哀乐悲天动地，行人驻足行注目礼。从市政厅到阿尔德维克墓地的路上，成百上千人徒步随行，沿街商店都自动停止营业，以示悼念。

18世纪后半期英国经过产业革命，工业、商业、农业和技术等有了长足的发展，因而促进了自然科学的进步。

获得世界名城曼彻斯特人们尊敬的约翰·道尔顿于1766年9月6日出生于英格兰北部巴兰州一个穷乡僻壤。父亲是一个兼种微薄土地的织布工人，以半工半农维持一家人的贫困生活。小道尔顿不像幼年的拉瓦锡那样受到无微不至的爱护和照料，他受到的正式教育也只有短短几年时间。后来他所取得的巨大成就，都是他自学成才的结果。由于个人的努力和朋友的推荐，道尔顿受聘于曼彻斯特一家学校担任做教员。但是教师授课工作繁忙，常常影响他的科学研究工作。后来，道尔顿为了科学研究，辞去了学校教职。他辞去学院职务以后，一直再未在任何学校任职，过的是朴实无华的隐居式的生活，既不担任公职也不愿高居显赫的地位，终生乐于做一名平民科学家。

在曼彻斯特道尔顿曾经研究过色盲，他也是最早发现和研究过色盲的人。直到今天，英国人仍然把色盲称为"道尔顿症"，以示纪念道尔顿发现色盲症。

晚年，道尔顿赢得了巨大的荣誉，进入了世界最优秀的科学家的行列。一天，一个学生问起老师是怎样获得成功的，有什么秘诀。道尔顿说："如果说我比其他人获得了较大成功的话，那主要是——不！完全是不断勤奋地学习钻研而来的。有的人能够远远地超越其他人，与其说他是天才，不如说是由于他能够专心致志地坚持学习，具有不达目的不罢休的那种不屈不挠的精神。"

傍晚，道尔顿躺在安乐椅上回忆一生的科学研究生涯。

当人们高唱祝福歌跨进19世纪的门槛时，道尔顿集中注意力研究有关气体物理性质，此后相继发表了几篇有关的实验研究报告，确立了"气体的热膨胀定律"以及"混合气体的分压定律"。法国化学家贝托雷与普鲁斯特围绕定比定律的激烈争论吸引了道尔顿，使他转向从气体的角度来研究原子论问题。

距今大约2500年前，古希腊各个城邦里有很多才智过人的哲人。德谟克利特就是其中一位，他提倡的原子说，这是由他的老师留基伯原子和虚空的观点发展而来的。

德谟克利特的原子学说认为"万物是由不可再分割的粒子组成的"，它们在虚空中运动、发展和变化。这一学说受到欧洲中世纪封建时代的扼杀，直到文艺复兴才重见天日。道尔顿以前的科学家也用过原子论来解释化学变化及其现象。道尔顿正是在这一基础上做出了自己的创造。他对原子论的贡献主要体现在，提出了原子量概念，第一次使原子通过原子量与具体的化学实验结合起来。

道尔顿主张不是深思熟虑的东西决不草率发表。1804年夏，汤姆生来访。道尔顿趁机向他说明了自己的原子学说，并得到了他的认同。后来汤姆生在出版的著作《化学体系》中介绍了道尔顿的观点。学术界从此热闹起来了。许多人赞同道尔顿的理论，也有人误解了道尔顿的理论。1808年，道尔顿发表了《化学哲学新体系》一书的第一卷，详细阐明了原子理论，论述了原子理论的许多具体应用。道尔顿使用了独特的象形原子符号，简单明了，很多人由此踏入了原子世界的大门。

由于定比定律和倍比定律的支持，道尔顿的原子论在学术界引起了轰动。贝托雷与普鲁斯特的争论，从原子论的观点上看也就解决了。道尔顿原子论与古希腊的原子论不同，它建立在实证科学及实验基础上的，而古希腊原子论则是天才的猜测和主观的臆想。原子论的确立奠定了道尔顿在科学史上的不朽地位。

当时，在科学界也有一些人反对道尔顿原子论，其中包括大名鼎鼎的戴维、贝托雷，他们主要在原子量还不能精确测量上做文章，进而反对使用原子论。道尔顿与他们进行了长时间的论战，虽然道尔顿占了上风，但很多地方却说服不了反对者。当时原子量还不可能精确地测量,直到 20 世纪 30 年代这个问题才彻底解决。后来精确测量原子量的任务由一代化学大师贝采里乌斯完成。

道尔顿作为近代原子学说的创始人早已名满天下之时,英国皇家学会却并未选他为会员。无疑是作为皇家学会台柱子的戴维从中作梗。常言道,墙里开花墙外香。道尔顿在英国之外已经赫赫有名之后很久,其中法国科学院等国际学术机构给予他极高荣誉之后,皇家学会才批准道尔顿成为该学会的会员。

道尔顿原子论的建立给科学发展指明了方向。在此之前,化学研究者像游荡的牧羊人,漫无目的地前进。而原子论就像战略指挥官一样,使一切都有组织、有计划地进行。

道尔顿原子论正式发表的第三年,意大利科学家阿佛伽德罗提出了分子论,补充和完善了道尔顿原子论的科学

阿佛伽德罗

体系,最终统称为原子—分子论。它成为整个 19 世纪科学发展的核心,也是 19 世纪科学家奉献给科学大厦精美的构件。

电的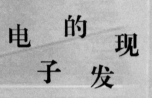现者汤生子发姆

名句箴言

在行进时，也时时有人退伍，有人落荒，有人颓唐，有人叛变，然而只要无碍于进行，则越到后来，这队伍也就越成为纯粹、精锐的队伍了。

——鲁迅

发现电子

阴极射线的发现，引出了 X 射线和放射性两个轰轰烈烈的事件，形成了两次强烈的冲击波，使人们振聋发聩，使物理学家欢欣鼓舞。许多人以为围绕阴极射线的浪头将会很快退潮。可是，距离发现物质放射性不到一年，一项关于阴极射线的伟大发现，又一次震撼了整个科学界。

这就是英国物理学家约瑟夫·约

翰·汤姆生于 1897 年发现的电子。

在阴极射线的发现和它的性质的初步研究中,很多物理学家一开始就猜测阴极射线可能就是电流本身。如果猜测成立,那么只要深入研究阴极射线的本质,就揭示出电的本质。这一假设吸引了很多的科学家。当伦琴埋头研究 X 射线时,物理学界中正在热火朝天地讨论着"阴极射线究竟是什么"的问题。

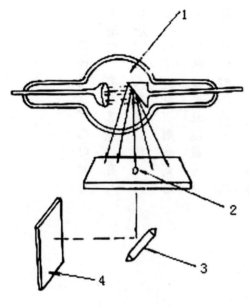

X—射线衍射装置

怎样认识阴极射线呢?物理学家们由众说纷纭渐渐形成两种相互对立的学说,物理学家们的认识也分成了两大派:一派以德国物理学家赫兹为代表,认为阴极射线是一种类似光的电磁波。由于赫兹曾以实验证实了麦克斯韦预言的电磁波的存在,是电磁波研究的权威,所以他的意见赢得了许多人的赞同;另一派以英国物理学家克鲁克斯为代表,认为阴极射线是一种带负电的粒子流。因为克鲁克斯曾改良了盖斯勒管而制成高真空低压放电管,所以他的观点也很不容易反驳。

怎样才能判断上述两种观点的对错呢？克鲁克斯首先用实验来说话。他用一块磁铁去接近真空管,观察阴极射线的位置是否移动,如果有移动就说明阴极射线由带电粒子组成,否则,就是电磁波,因为磁铁不可能改变电磁波运动方向。实验结果是在磁铁的作用下阴极射线打在玻璃管壁上的亮点位置移动了,从而证实阴极射线是带电粒子组成的。

阴极射线直线行进

它们是带正电还是带负电的粒子呢？克鲁克斯做了另一个实验,他用一个正电场,放在真空管下方观察阴极射线位置的移动。结果阴极射线朝下移动了,就说明阴极射线是由带负电的粒子组成的。1895 年,法国物理学家佩兰,通过让阴极射线进入电屏的实验,更进一步说明了阴极射线是带负电的粒子流这一论点。不过,当时佩兰认为这种粒子是"气体离子",因而,佩兰没有通过实验来进一步探究。

汤姆生接任第三任卡文迪许实验室主任以后,带领许多年轻的物理学家,对阴极射线进行了多年的研究。汤姆生十分赞同克鲁克斯的观点,他认为阴极射线是一种动能极大的微粒子。但要进一步弄清阴极射线的本质,就必须称量出阴极射线中一个带负电粒子的重量。

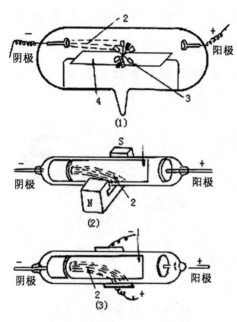

阴极射线在磁、电场中偏转

汤姆生不仅观测到阴极射线在磁场中发生了偏转,而且还发现它在电场中也发生偏转。他利用电场和磁场来测量这种带电粒子流的偏转程度,从中计算出带电粒子的重量。同时汤姆生还观察到,无论改变放电管中气体的成分,还是改变阴极材料,阴极射线的物理性质都不改变,这表明来源于各种不同物质的阴极射线粒子,都是一样的。汤姆生通过实验还发现,除阴极射线外,在其他许多物体运动变化中,也遇到这种粒子。例如,把金属加热到一定温度,金属或其他物质受紫外线照射时,都会发射带负电的粒子。

1897 年 2 月,汤姆生得出了"称量"的结果:阴极射线粒子每秒 10 万公里,它的质量只有氢原子质量的 1/1840,它带的电荷量与法拉第电解定律计算出的数值基本相同。于是汤姆生采用了 1874 年英国物理学家斯通尼提出的名词——"电子"，把阴极射线的带负电的粒子命名为"电子"。从此，电子作为电的不连续性结构的最小粒子而被科学界承认了。电子不再是一个抽象概念，而是一个人们新发现的实实在在的物质粒子了。

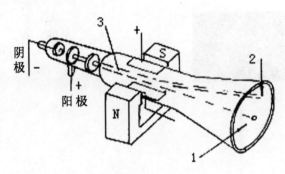

测定电子质荷比示意图

几个苍蝇咬几口，决不能羁留一匹英勇的奔马。

——伏尔泰

名句箴言

成果公开

汤姆生的研究工作，在 1897 年 4 月底第一次公开报告时，大概由于材料和观点过于新颖，它的重要性当时没有被人们所接受，但是过了不久，便引起强烈反响。他所领导的卡文迪许实验室，由此成为世界上最引人注目的实验中心。

人们之所以开始不相信汤姆生的研究，那是因为几千年来物理学家一直确信,原子是自然界中最小的微粒,古希腊哲人甚至把原子尊称为"宇宙之砖"。让他们突然承认有比原子更小的粒子存在,当然是很困难的。汤姆生事后回忆这段历史时说:"一位著名的物理学家听了我在皇家研究院的演讲,认为我是在愚弄他们。"

时间不长,物理学家又测量出在光电效应和放射性蜕变中获得的带负电粒子的电荷和质量,在所有的情况下都得到了相同的

汤姆生

数值。这些实验坚定了物理学家们的信念,他们确信自然界存在比原子更小的粒子。

电子是世界上最轻的运动粒子之一。大约 10^{24} 个电子合起来,其重量也不足 1 克的千分之一。但是,无数个电子汇集成的电流,却以接近光速的速度运动,成为新时代的动力源,为生产自动化开辟了道路。

在 20 世纪,人类利用 19 世纪汤姆生等科学家研究电子的科学成果,开创了一个的新技术领域——电子技术。

1898 年和 1899 年，英国科学家汤姆生测量了 X 射线在气体中所造成的离子的电荷，并由此发现了一种新的带负电的微粒——电子。这个伟大的发现终于解决了古希腊留下的问题：即不同物体是否有共同基础不知所云问题。同时也阐明了带电的意义。它的被发现，不仅一下子揭示出了电的本质，而且打破了几千年来人们认为原子不可再分的陈旧观念，证实了原子还有其自身的结构，揭开了人类向原子世界进军的序幕。

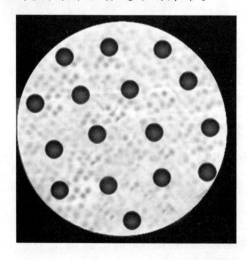

汤姆生提出的糕点

电子的发现者汤姆生

汤姆生出生于英国,14 岁时进入曼彻斯特大学学习。1876 年,20 岁的汤姆生被保送到剑桥大学深造,成为瑞利的得意门生。27 岁时被选为皇家物理学会会员。受到伦琴射线的启示,他将"克鲁克斯管"加以改进,发现了电子。1903 年,汤姆生提出了原子结构模型好似实心小球的西瓜,电子是瓜子,带负电;带正电的物质是西瓜瓤,均匀地分布在原子内,带正电的物质的体积几乎是整个原子的体积。电子在球体中游动,在静电力的作用下,电子被吸收到中心,它们又互相排斥,从而达到稳定状态。电子的发现,是 19 世纪末物理学的三大发现之一。

汤姆生一生兢兢业业,奋斗不止。说到这儿有一个小插曲,吉德勋爵夫妇的女儿珠露丝小姐,早在剑桥上学时就爱上了汤姆生,等了多年不见回音,就提笔给他写了情书:"现在,你是年轻的皇家学会会员,最崇高的汤姆生教授,亲爱的,我们该结婚了吧?"汤姆生壮志未酬不愿结婚,他回信安慰心爱的人说:"再等一等,等我获得亚当斯物理学奖金时咱们再结婚,那样,你不会觉得更光荣,更幸福吗?"1890 年元旦,汤姆生获得了亚当斯物理奖。获奖的第二天,34 岁的汤姆生怀着胜利与幸福的心情同露丝小姐结为百年之好。他们的姻缘一时传为剑桥大学的美谈。

世纪之交物理学的三大发现，敲响了现代科学革命的战鼓，为以后的科学研究开辟了新的道路。

揭原内的瑟福
开子幕卢

生气的时候，开口前先数到十，如果非常愤怒，先数到一百。

——杰弗逊

名句箴言

近代物理学家卢瑟福

卢瑟福堪称为"牛顿以后英国成就最突出的科学家""近代原子物理学的真正奠基者"。他发现了镭的两种辐射成分——α射线和β射线，证实了原子核的存在。由于他对科学的贡献巨大，1908年他荣获诺贝尔化学奖。如果说普朗克把科学推进到原子时代，那么，卢瑟福就是打开原子迷宫的第一人。

1871 年 8 月 13 日，卢瑟福出生于新西兰的一个村庄里。幼年时期，他不是神童，而是一个普普通通的孩子。虽

然他父亲是个农场主，但家里人口很多，他有 6 个兄弟和 5 个姐妹，所以家庭的经济并不宽裕。他家住在纳尔逊市附近，那里的田野非常广阔，卢瑟福可以下水捕鱼，也可以上山打猎，他的童年过得相当快活。

可是，自他 5 岁开始学校生活以后，便成了一个爱学习，不贪玩的孩子，他在学校里表现非常突出，不仅

近代物理学奠基人卢瑟福

功课好，其他方面也相当杰出。10 岁以后，他那有朝一日将要成为科学家的迹象才逐步显露出来。有一次，他发明了一种可以发射"远射程炮弹"的玩具，并巧妙地设想出增加"炮击"距离的方法，从而显示出他那非凡的创造才能。

1886 年，卢瑟福中学毕业，由于成绩突出，被保送到纳尔逊学院学习。在这里他开始对物理学产生浓厚兴趣，他在物理课的课堂上非常专心听讲，常常提出问题，课余时也经常找老师讨论，甚至蹲在马路旁，拿着树枝在地面上一边

计算一边和老师讨论。

由纳尔逊学院毕业后，卢瑟福通过新西兰大学的奖学金考试，进入坎特伯雷学院就读。如果他没有取得奖学金，就得回家帮助父亲种麻。父亲是个英国移民，没有多少文化，他倒是希望卢瑟福回家，好多个帮手。然而，天才的光辉是不易被遮掩的，尽管父亲少了一个帮手，可是科学王国却增添了新鲜血液。卢瑟福考入坎特伯雷学院，成了他未来登上科学高峰的起点。

在坎特伯雷学院，卢瑟福遇到两位好老师——比克顿和库克。前者不受传统观念的束缚，善于启发学生思考；后者治学扎实，要求严格，他们对卢瑟福都产生过积极的影响。

四年以后，卢瑟福以数学、物理双第一的优异成绩获得硕士学位。但他并不满足，没有马上找工作，因为他对学习远比挣钱有兴趣，他打算在大学里再学一年，争取获得理科博士学位。

他选择的研究专题是"赫兹波"，1888年，德国人赫兹发现了无线电波，但是只能发射而不能接收。后来，一位叫布兰利的科学家发明了"粉末检波器"，在应用上却又不能令人满意，卢瑟福决心改进它。然而，坎特伯雷学院的科研条件是很差的，理化两个系合用一座用木架和铁皮建成的楼房，实验室仪器、药品都很奇缺。卢瑟福没有被困难吓倒，他自己动手,在一间破旧透风的小破棚里,安装了一部赫兹发生器。之后,又从外面买回些廉价的简单器件,利用交流电使钢针迅速磁化和去磁,他制成了一个比"粉末检波器"灵敏得多的高效检波器。1894年,卢瑟福发表论文"用高频放电法使铁磁化",很快引起了国内外科学界的重视。

无线电波的发现者——赫兹

他顺利地获得了理科博士学位。

不久,他进一步改进了检波器,并使用新的检波器,从室外检测到20米远处发射的电波,这是飞越新西兰上空的第一份无线电报。

此时此刻,卢瑟福的求知欲异常旺盛,他贪婪地学习,如同鳄鱼大口吞食一般。卢瑟福对科学无比热爱,学习时特别专心,他能在无比嘈杂的环境中,专心致志地读书。甚至有人说,在他看书时,即使有人拿书本敲他的脑袋,他也感觉不到。正是因为卢瑟福对科学有这种执著追求的精神,才使他后来做出了重大的科学发现。

1895 年,卢瑟福 24 岁时经过考试,获得了去英国剑桥大学留学的奖学金。于是,他便搭上轮船前往英国,踏上了通往原子迷宫的征程。

卢瑟福在剑桥大学三一学院的表现非常卓越,学习努力,工作踏实,思维敏锐,有所创见。两年后,被推荐到世界闻名的卡文迪许实验室当研究人员。

名句箴言

人就个人而言终有一死，就整体而言则是不朽的。

——艾普利亚

打开『原子迷宫』

卡文迪许实验室网罗了英国及全世界的杰出物理学者，实验室主任是著名物理学家约瑟夫·约翰·汤姆生爵士。由于这个实验室人才济济，刚开始卢瑟福并没有受到注目，但是，不久，他那踏实的研究态度、精辟的见解，受到大家的重视。身为实验室主任的汤姆生，更注意到他的深厚实力，心想："这个南半球来的小伙子，将来一定会在物理学界大放光彩!"

汤姆生计划进行 X 光对气体放电影响的研究时,第一个想到的人选就是卢瑟福,于是,这个难题就落到了卢瑟福的身上。卢瑟福实验后得到一个结论:"研究气体放电时,利用 X 光更容易看出放电的情形。"汤姆生和卢瑟福利用这一特

卢瑟福

性,进一步研究,一一解开了气体放电的奥秘。

后来,卢瑟福用 X 光照射铀,发现铀也能产生放电现象,他想铀和气体放电间是否也具有某些共同性质呢?于是卢瑟福着手研究铀的放射性,在研究过程中发现,铀含有 α 射线和 β 射线。此外,他还发现 α 射线受磁力影响而改变运动方向的弯曲程度,比 β 射线的小,因而他推论道:"α 射线的粒子应该比 β 射线的粒子重。"

放射线已经完全吸引卢瑟福,如果不彻底揭开放射线的神秘面纱,他是不会善罢甘休的。他实验着,苦苦思索着……

当时,加拿大麦克吉尔大学正在物色一位物理学教授,

请汤姆生推荐适当人选。汤姆生大力推荐卢瑟福前往,这时卢瑟福已经 27 岁了,虽然他舍不得离开卡文迪许实验室,更不愿意离开汤姆生教授,但是这是汤姆生教授对他的信任,所以卢瑟福依依惜别了英国剑桥大学,来到加拿大麦克吉尔大学接受这一新职——物理学教授。

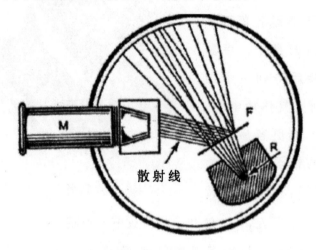

散射线

卢瑟福 α 粒子散射实验

他在麦克吉尔大学积极地推动研究工作,大大地提高了物理学的研究风气,受到全校师生的爱戴。在这里卢瑟福组织成立了一个研究小组,开展放射性研究。他们发现钍会产生一种具有放射性的物质,而且钍能诱导附近的物质产生微弱的放射性。另外,他们还从铀中提炼出一种新物质,这种新物质和铀的化学性质完全不同,它在铀中的含量很少,但是放射性却比铀来得强。或许是因为释出放射线的关系,才会使一种元素转变成另一种元素?他思考着……

物质都是由原子所构成的,而原子的种类和元素的数目是一样的。那时,人们根本没有想过元素会改变的问题;大家都十分相信原子是构成物质的最小单位,绝对不能再细分,更不用说会变成其他原子了。直到19世纪末,英国物理学家汤姆生发现了原子中的电子后,他认为原子像个葡萄干面包,面包的部分是带正电的粒子,分散在面包上的葡萄干就是带负电的粒子——电子。这就从科学上证明了原子的可分性,原子不是构成物质的最小单位。据此,卢瑟福大胆假设:"如果一种原子会转变成另一种原子,那不就表示原子并不是构成物质的最小单位了吗?"

卢瑟福根据这个假设深入研究。首先,他制作了一部 α 射线的侦测仪器,透过这种仪器,用肉眼就可以观测到 α 粒子撞击时发出的微弱闪光。他率领研究小组一再实验后,证实具有放射性的元素释出放射线时,确实会蜕变成不同的元素。从而创立了放射性衰变的理论。

1907 年,卢瑟福重返英国,成为曼彻斯特大学的物理学教授。1919 年成为剑桥大学实验物理学教授,并担任了卡文迪许实验室主任。1925 年,他当选为英国皇家学会主席。

早在麦克吉尔大学,卢瑟福就发现了镭的放射现象,提出 α 粒子就是氦原子核的假说。在曼彻斯特大学他又开始进一步证明氦是在镭的放射性衰变时形成的,就这样,卢瑟福一步步地走进了原子的神秘世界。

有一天，卢瑟福正站在实验室的一台新型仪器前边，同年轻的助教罗兹一起进行证明 α 粒子与氦的相同性的实验，实验得出结论——氦确实是从镭里产生的，而且 α 粒子的质量同氦原子的质量完全相同，二人无比激动……

正当这时，收发室的通信员闯了进来。

"教授先生，从瑞典寄来的邮件。"通信员把一封信和一份电报递给卢瑟福。

"从瑞典来的？"卢瑟福吃惊地问道。他的目光很快地把电报译文看了一遍，脸上顿时放出了光彩，他把电报递给了助手。

"授予诺贝尔奖的通知！"罗兹叫了起来，"衷心地祝贺您，教授先生！"

"祝贺您，祝贺您！"听到罗兹的喊声，助教盖格和马斯顿等都纷纷走到卢瑟福面前祝贺。

同事们热爱卢瑟福，他们以喜悦的心情迎接这份对他劳动的高度评价。

"谢谢大家，先生们……"卢瑟福回答着，把信拆开看了之后，他突然大笑起来。

"太好了，太妙了！"他挥动着那封信喊了起来……

"这是我一生之中绝妙的一次玩笑！"

助教们吃惊地看着他们的教授，他在瑞典科学院的这封信里发现了什么可笑的事情了呢？

"太妙了！"卢瑟福擦着眼泪，重复地说道，"他们把我变成化学家了。"

"化学家？"

"对，不折不扣的化学家，我是由于化学方面的工作而获得诺贝尔奖的。"

马斯顿大声地念着信和电报的内容，瑞典科学院用恭敬的言辞通知卢瑟福教授荣获诺贝尔化学奖。

"真是的。"盖格喊道，"毫无办法，我们应该对现实妥协，看来，我们不是在物理实验室里工作，而是在化学实验室里工作……"

是的，他们的工作既是物理学的领域，也是化学的领域，卢瑟福不仅是著名的物理学家，而且还是著名的化学家。

他与盖格、马斯顿，以 α 射线照射很薄的金属箔，测量由金属箔反弹回来的 α 粒子数目。实验结果，大部分的 α 粒子都透过金属箔，只有少数粒子反弹回来。

"照理说，金属箔是由原子聚密排列而成的，应该不易被 α 粒子穿透才对啊！"卢瑟福反复思索、实验，最后终于找到了原因：原子是由带正电的原子核与带负电的电子所组成，原子核几乎构成了原子的总重量，电子围绕着原子核旋转，就像行星绕着太阳转一样。各种元素中电子的数量不同,同时原子核的电量等于电子电量的总和,由此导致了原子成为中性的整体。

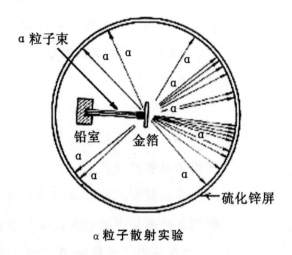

α粒子散射实验

这一结论发表后,立刻震撼了整个科学界,引起了强烈的反响。接着,卢瑟福又进一步研究α粒子撞击气体原子的情形,

发现α粒子撞击气体原子时,气体原子射出的放射线比反弹回来的粒子更具穿透金属膜的力量。为了解开这谜,卢瑟福不断实验,而获得了一个惊人的发现——氮受α粒子撞击,会放射出氢原子,而变成氧原子,成功地得到了元素的人工嬗变,其实这个发现就是原子核的蜕变。使原子核物理学进入了一个新的阶段。在卡文迪许实验室里卢瑟福达到了他科学活动的顶峰。这时,他科学地预言了"中子"的存在,1932年被查德威克的发现所证实。

卢瑟福以大量的著作发表了自己的科学研究成果。许多科学院都选他作为自己的成员。1931年,由于他在科学发展上所建树的功绩,受封骑士称号,并享有纳尔逊勋爵的爵位。

1937年10月19日,这位伟大的科学家在英国剑桥大学去世,人们将他安葬于牛顿、达尔文和法拉第的墓地之侧。

揭开原子内幕的卢瑟福

人们在提到卢瑟福的时候，不仅推崇他在科学研究方面取得的突出成就，更推崇他在培养人才方面所做出的卓越贡献。他领导的科研集体，被人们亲切地称为"科学天才的幼儿园"。

通过这个"幼儿园"，他培养了两代世界第一流的物理学家、化学家。在科学前进的道路上立下一块又一块不朽的丰碑。

1921年，他的助手索迪，因发现放射性同位素，获得诺贝尔化学奖；

1922年，他的学生玻尔，因发展了原子结构模型，获得诺贝尔物理学奖；

1922年，他的学生阿斯顿，因发明质谱仪，获得诺贝尔化学奖；

1927年，他的助手威尔逊，因发明云雾室，获得诺贝尔物理学奖；

1935年，他的学生查得威克，因发现中子，获得诺贝尔物理学奖；

1944年，他的学生哈恩，因发现铀核裂变，获得诺贝尔物理学奖；

1978年，他的学生和助手卡皮查，由于在低温物理学中的基本发明和发现，获得了诺贝尔物理学奖。

卢 瑟 福 （Ernest Ruther-
ford,1871—1937 年）伟大的 物
理学家。1871 年 8 月 30 日生于新西兰南岛纳尔逊南郊，
18 岁获得新西兰大学坎特伯雷学院奖学金，在该校获得
学士和硕士学位。1894 年他安装一台赫兹电磁振荡器，
制成自己设计的电磁波接收器，在距离振荡器 60 英尺（约
18 米）远处能探测到振荡器发出的电磁波。这时正当英
国剑桥大学向国内外招收研究生，卢瑟福进入三一学院。
1895 年他获得剑桥大学第一批研究生奖学金，同年入卡
文迪许实验室，成为汤姆生的
研究生。在那里他继续研究电
磁波的发射和接收，没过几个
月就将其仪器改善到能在半英
里（约 0.8 公里）远处接收到无
线电波信号。这项工作表现了
他的实验才能，使他崭露头角。
1898 年加拿大蒙特利尔的麦
吉尔大学聘任他为麦克唐纳教
授。1907 年他回英国担任曼

近代物理学家卢瑟福

彻斯特大学实验物理学教授。1919 年应邀到剑桥接替退休的汤姆生,担任卡文迪许实验室主任。1925 年当选为英国皇家学会主席。1931 年受封为纳尔逊男爵,1937 年10 月 19 日因病在剑桥逝世。

在放射性方面的研究,卢瑟福开拓了原子核物理学和原子物理学的新领域。1896 年他和汤姆生一起研究 X 射线在空气中产生电离的现象,随后转到紫外光射在锌上产生离子的研究上。1898 年贝克勒

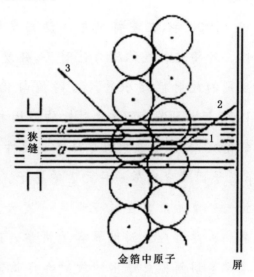

α粒子穿过原子时被散射的情况

尔发现铀自动放射出一种新的穿透性很强的辐射,并且在空气中能电离。这种现象引起他的注意,于是他把研究工作转移到这一新领域,试图解决铀的放射性之谜。

不久,卢瑟福在发现了放射性辐射经过玻璃、石蜡、铝等物质时不发生折射(传播方向不改变)的现象后,他用分层的铝片放在铀源上进行实验,发现了铀放

射性辐射的成分不是一种,有两种是可被铝片吸收的辐射:一种是容易被吸收即穿透力弱的,他称之为 α 辐射,一种是比较难于被吸收即穿透力较强的,他称之为 β 辐射。

1900 年,在蒙特利尔卢瑟福发现钍放出放射性气体。他将这种气体称为钍射气,并发现钍射气还可以产生别的放射性淀积物。当时他与化学家索迪合作,在 1902 年共同发表了《放射性的原因和本质》这一划时代的论文,揭示了放射性原子不稳定性,它们通过放出 α 或 β 粒子而衰变成另一种元素的原子。这一放射性变化理论——重元素自发蜕变理论一发表就立即轰动了科学界。卢瑟福应邀到世界各地讲学。1904 年他在英国皇家学会讲解他总结出的放射性产物链式蜕变理论,奠定了重元素放射系元素移位的基本原理。他在访英期间,还提出根据放射性估算地球年龄的方法,论证了开尔文单就太阳重力收缩计算地球年龄的结论是错误的。

1904 年,他由剑桥大学出版了《放射性》,1906 年再版改名为《放射性变化》。在这本书中,他介绍了开尔文 1902 年提出的原子模型和 904 年日本科学家长冈半太郎提出的原子模型。这些模型对他后来建立原子有核模型影响很大。1905 年他根据 α 粒子的电荷质量比值的测量等实验结果,确信α粒子就是氦离子。

卢瑟福在曼彻斯特通过研究生罗伊兹协助下,利用鲍姆巴赫制成的α粒子能穿过而氦原子却不能穿过的薄壁玻璃管收集到的气体进行放电实验,从观察到的氦谱线而直接证明α粒子确实是氦离子 He^{2+}(即氦核)。

1908 年,为了表彰卢瑟福在放射性研究方面的杰出贡献,诺贝尔基金会给他颁发了诺贝尔化学奖。当时人们认为这些属于元素性质的研究,而归入化学领域。

卢瑟福到曼彻斯特后,听从了德国物理学家盖革在卢瑟福的建议,利用α粒子导致的气体放电来记录α粒子,由此发明了盖革计数管。1909 年,盖革和他的助手马斯登第一次观测到α粒子束透过金属薄膜后在各方向上散射分布的情况,其结果中居然出现少数意料不到的大角度散射;这使卢瑟福感到同汤姆生所发展的开尔文原子模型矛盾很大。他又考虑到,既然α粒子那样容易地穿透金属薄膜,而且有时又被薄膜弹回,就有可能用α粒子来探察原子内部结构。根据盖革—马斯登α散射实验的结果使卢瑟福猜测薄膜中的原子必然能赋予射来的α粒子以很大的力量把它弹回去。这一观念导致他根据力学原理提出了α粒子为带电的核所散射,其轨道是双曲线,从而导出卢瑟福散射公式。这个公式随即由盖革和马斯登用改进了的α粒子散射实验所证实。据此，卢瑟福认识到原子核半径小于 10^{-12} 米。更重要的是形成了他的原子模型，他认为原子有带正电的核，原子重量集中在核上，核的周围是带负电的电子，必然绕核沿稳定轨道转动，在动力学上保持平衡；但这样的平衡与经典电动力学要求带电粒子在电场中作加速运动时有电磁辐射损失相违背，使他不得不说原子的稳定性问题还有待探索。

第一次世界大战的爆发，他的研究生大多转入战时工业中工作，他自己也承担了一部分与战事有关的研究。但他仍继续原子核实验的研究，开始了用α粒子轰击干燥空气，使氮核衰变放出质子的实验。1919 年这一实验终于完成，标志着人类第一次实现了改变化学元素的人工核反应——用天然α粒子从氮原子核中打出质子。

1921—1924 年，卢瑟福和查德威克证实，除了碳和氧之外，从原子序数为 5 的硼到原子序数为 19 的

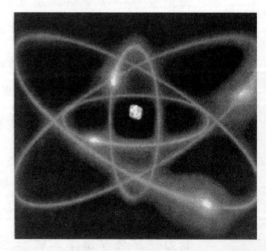

卢瑟福原子模型

钾,所有的元素都有类似的核反应,即捕获 1 个 α 粒子放出 1 个质子而转化为下一号元素。在此期间卢瑟福预言了重氢和中子的存在。他和查德威克以及艾利斯合作在 1930 年出版了《从放射性物质发出的辐射》,这部著作是早期核物理学的总结。

卢瑟福的成果主要有三方面:

1. 他关于放射性的研究确立了放射性是发自原子内部的变化。放射性能使一种原子改变成另一种原子,而这是一般物理和化学变化所达不到的。这一发现打破了元素不会改变的传统观念,使人们对物质结构的研究进入了原子内部这一新的层次,为开辟一个新的学科领域——原子核物理学,做了开创性的工作。

2. 他通过 α 粒子为物质所散射的研究,无可辩驳地论证了原子的核模型,因而一举把原子结构的研究引上了正确的轨道,于是他被誉为原子物理学之父。由于电子轨道也就是原子结构的稳定性和经典电动力学的矛盾,才导致 N. 玻尔提出背离经典物理学的革命性的量子假设,成为量子力学的先驱。

3. 人工核反应的实现是卢瑟福的另一项重大贡献。自从元素的放射性衰变被确证以后,人们一直试图用各种手段,如用电弧放电,来实现元素的人工衰变,而只有卢瑟福找到了实现这种衰变的正确途径。这种用粒子或 γ 射线轰击原子核来引起核反应的方法，很快就成为人们研究原子核和应用核技术的重要手段。在卢瑟福的晚年，他已经能在实验室中用人工加速的粒子来引起核反应。

卢瑟福一生发表论文约 215 篇，著作 6 部，培养了 10 位诺贝尔奖获得者。1937 年 10 月 19 日患肠阻塞并发症逝世，葬在伦敦威斯敏斯特大教堂的牛顿墓旁。

丹麦 的 物 理 巨 人 尔 玻

谁要是第一次听到量子理论时没有感到困惑，那他一定没听懂。

——玻尔

名句箴言

玻尔简介

1922 年 11 月，丹麦首都哥本哈根显得格外喧闹。从国王到普通市民，都是兴高采烈，喜气洋洋。街头巷尾，人们议论纷纷……

原来，人们得知从瑞典斯德哥尔摩传来的特大新闻：哥本哈根大学教授尼尔斯·玻尔荣获 1922 年度的诺贝尔物理学奖。

玻尔是丹麦第一个诺贝尔奖获得者。一个小小的国家，能在科学研究的某一领域达到世界最先进的水平，获得举世瞩目的奖赏，这怎么能不使人高兴呢？

12月10日，颁发诺贝尔奖的日子到了。斯德哥尔摩的大街上积雪很深，寒冷异常，天空阴云低垂，日光暗淡。但是，恶劣的天气并没有冲淡喜庆，飘扬在斯德哥尔摩上空的蓝色国旗，装点着科学历史上的伟大的一天。

授奖仪式在欢快的乐曲中开始了。下午4时30分，在庄严的旋律声中服饰鲜明的与会者闻声起立。玻尔跟在瑞典国王及皇室成员慢慢步入会场。国王和皇室成员在第一排的金色扶手椅上就座；玻尔则走上一道台阶，坐到簇拥着鲜花的台上。一位著名的瑞典科学家一板一眼地宣读：尼尔斯·玻尔因对原子结构和原子放射性问题的研究做出重大贡献，荣获诺贝尔物理学奖。玻尔走下台来，沿着富丽的东方地毯走到国王面前，从国王手中接过一份皮制证书、一枚装在皮夹里的金质奖章和一个装着奖金的信封。从这时起，玻尔成了名副其实的诺贝尔奖获得者、举世公认的大科学家，这时玻尔教授只有37岁。

1885年10月7日，玻尔出生在丹麦首都哥本哈根的一个知识分子家庭。他的父亲克利斯提安·玻尔是位著名的科学家，在哥本哈根大学担任生理学教授；母亲是一位有知识的犹太人。他从小就生活在学术气氛浓厚的家庭环境中。父亲身为丹麦皇家科学院文学院的院士,首都知识界的中心人物,家里常常聚集着一批著名的科学家、学者以及各方面的权威人士。他们常常讨论重要的科学和哲学话题。聚会时,玻尔和弟弟哈拉尔德·玻尔总在旁边静静地聆听,他们哥俩从小就接触到了丹麦乃至欧洲的最优秀的哲学和科学思想,因而使他从小就形成了一套最佳的科学思维方法。弟弟哈拉尔德·玻尔后来也成了一位著名的数学家。

玻尔在父亲的影响和教育下,从小就对自然科学产生了浓厚的兴趣。在学校里,他一直是位成绩优秀的学生,读中学时,他的父亲就开始指导他做一些物理小实验,使他养成了善于观察和思考的性格。高中时,他所学的东西就超出了课本的范围。因此,他在哥本哈根大学学习期间,表现出超群的才华和出众的科学研究能力,在他大学二年级时,就被任用为教授的助手。

1905年,丹麦皇家科学院贴出的一张告示引来了很多人在驻足观看。

"这个题目实在太难了。"大家在纷纷议论后,一个一个地离开了这里。

的确,这是个几乎没有人着手进行研究的课题。玻尔上前一看,这个告示的内容是:悬赏征求有关液体表面张力的论文,要求通过实验证明英国著名物理学家瑞利勋爵提

英国著名物理学家瑞利

出的关于液体表面张力的计算方法。作为哥本哈根大学二年级学生,这个问题当然是极其困难的。然而,玻尔却决定参加这场科学研究的争夺战。

他征得父亲的同意,利用父亲的实验室进行了这一具有重要意义的实验。没有实验设备,他就亲自制作,克服了许多困难,不知度过了多少个不眠之夜,实验、计算……

经过无数次实验后,玻尔终于得出了结论,写成了论文《用液流振动法测定水的表面张力》。他指出:为了定量测出液流的表面张力,只考虑液流的流速、横截面积和波长是不够的,还要考虑液流的黏滞性和周围空气的作用等一系列的因素。从而发展了瑞利的理论,荣获科学院颁发的金质奖章。当时,人们怎么也没想到,这篇论文竟为35年后的原子结构的研究提供了重要线索,同时还为原子弹和核能的发展奠定了基础。

1910年,25岁的玻尔完成了《金属电子理论的研究》的论文,获得博士学位。他改进了汤姆生和洛伦兹的研究方法,并且第一次接触到普朗克的量子假设。

大学毕业后,为了继续深造,年轻的玻尔带着关于电子理论的学位论文来到剑桥大学,希望拜电子发现者约翰·汤姆生为师。但一到剑桥,玻尔的希望顷刻变成了泡影,因为老汤姆生对这一课题早已失去了兴趣,不愿意收他做徒弟。于是,他就来到曼彻斯特,投奔当时最伟大的物理学家卢瑟福。

卢瑟福凭着自己敏锐的判断力,很快觉察到这个腼腆谦虚的青年,是一个非同凡响的人才。他十分愉快地把玻尔留在了自己的身边。正是因为有卢瑟福的指导,玻尔很快在科学的光明大道上驰骋。

名句箴言

始吾于人也，听其言
而信其行。今吾于人也，
听其言而观其行。

——孔丘

原子物理学三部曲

玻尔在卢瑟福的实验室里，不分昼夜地探索原子结构问题，几乎达到废寝忘食的地步。通过实验，他发现，卢瑟福关于原子结构的理论，还有进一步发展的余地。他认为，在不同轨道上运行的电子各有确定的能量。当电子从外层轨道跳到内层轨道时，便发射一定频率的光；而从内层跳到外层时，则吸收一定频率的光。他想把这一发现告诉他的老师卢瑟福。

有一天,玻尔怯生生地对卢瑟福说:"老师,我对您去年提出的原子模型有点儿新想法,能跟您谈谈吗?"

"可以,完全可以!"卢瑟福一面点头,一面和蔼地说,"我非常乐意听听你对它的新见解。"

看着和颜悦色的老师,玻尔消除了紧张心理,有条有理地对卢瑟福原子模型的缺陷进行了评述,并提出改进建议。玻尔说得滔滔不绝,卢瑟福听得津津有味,两人还不时地进行讨论。

又经过几次长谈后,卢瑟福鼓励玻尔说:"你的想法很好,它发展和完善了我的模型,请你快写出论文,我打算把它推荐到《哲学杂志》上发表。"

1913年,在卢瑟福的审阅和推荐下,玻尔的论文《论原子和分子结构》分三部分在《哲学杂志》上发表了,这是使玻尔一举成名的论文,被称为"伟大的三部曲"。他因此而获得了1922年度的诺贝尔物理学奖。为了表达对这两人无私合作的钦佩,人们常把新的原子模型叫作"卢瑟福-玻尔模型"。

玻尔在这篇论文中创造性地把卢瑟福、普朗克和爱因斯坦的思想结合起来。他在卢瑟福假设模型的基础上,把爱因斯坦的光量子说引入到原子结构中来,提出了自己的原子模型,即电子沿固定的量子化轨道绕原子核旋转。成功地解释了原子线状光谱实验。

当时,玻尔仅 37 岁,由于他取得了这项革命性的科学成就,使他成为原子物理的创立者和量子物理学家的真正领袖。

1913 年,玻尔被聘任为哥本哈根大学讲师,1916 年,他被提升为哥本哈根大学教授。1920 年,哥本哈根大学建立了理论物理研究所。1965 年,该所改名为玻尔研究所。除了第二次世界大战的一段时间外,玻尔一直领导着这个研究所的全体研究人员,开展原子物理学的研究。

1922 年以后,许多青年物理学家纷纷投奔玻尔,使哥本哈根成了原子物理学的首都。在玻尔的指导下,许多人成了著名的物理学家,像德国物理学家海森堡和前苏联物理学家朗道等都是在玻尔的指导下,后来获得诺贝尔物理学奖的。

玻尔是著名的原子物理学家,他获得了许多科学院授予的荣誉称号。1917 年,他加入丹麦科学院,后来多年担任该院院长。1922 年,他被授予柏林科学院院士。

前苏联物理学家朗道

1929 年他被授予苏联科学院院士。1932 年，他被授予德国利奥波尔迪纳科学院院士。他总共获得了 17 个荣誉博士的光荣称号，并获得了德国科学院的亥姆霍兹奖章。1961年，他在访问苏联时，被莫斯科大学授予名誉教授。

玻尔的名字在丹麦，欧洲乃至全世界都是家喻户晓。他领导的研究所成为有名的"哥本哈根学派"。哥本哈根学派的量子力学观点遭到了爱因斯坦、劳厄和薛定谔等著名科学家的激烈反对，特别是爱因斯坦与玻尔争论了近30 年。

任何科学真理的诞生，都是在赞同和反对中争论的结果。爱因斯坦同玻尔的争论，说明了两人执着地追求科学真理的可贵精神。

1927 年，玻尔提出了著名的"互补原理"，也叫"并协原理"，当这个新理论公布后，就连当时世界上几个最大的科学家也难于接受了。

在 1927 年召开的第五届索尔维会议上，玻尔就量子物理学面临的认识论问题做了报告，与会者还要求玻尔讲述一下并协原理。

玻尔按大家的要求讲了。谁知他一讲完，爱因斯坦就站起来发言了。他很快就明确了自己的看法：他不能接受并协原理，他说这种理论很不完善，还有不少缺点。一下子群情激奋了，有 10 多位科学家用 10 多种语言叫嚷着要求发言。会场分成好多部分,大会发言变成了分头讨论。会议主席拍着桌子要求大家恢复秩序,但会场里声音太嘈杂,骚动太厉害,以致会议主席只好在黑板上写出《圣经》上的一句话:"上帝真的使人们的语言混杂起来了。"

大家哄堂大笑。

玻尔和爱因斯坦都认为,个人之间的勾心斗角是不对的,但捍卫自己的思想,辨明真理却是十分重要的。因此,到了晚间,他俩又进行面对面地直接交锋了。朋友们怕他二人发生过火的行为,也赶来参加,其实根本用不着为这两个人担心,因为两人的论战是用客气的词句和彬彬有礼的态度进行的。

爱因斯坦

玻尔希望用自己的论证把爱因斯坦争取过来,但爱因斯坦却企图用实验的方法来推翻玻尔的理论。玻尔毫不退让,再次阐述了自己经过深思熟虑而提出的理论。爱因斯坦气得脸色发青,不失斯文地拍了一下桌子,斩钉截铁地说了一个"不"字,接着又大声说道:"还是量一量我们无知的程度吧!"

1930 年,第六届索尔维会议召开了。

这一回，玻尔又碰上了麻烦。爱因斯坦根据相对论设计了一个实验，进而巧妙地批驳并协原理。于是，玻尔和助手几天夜以继日的工作，他们详细地检查了爱因斯坦实验装置和过程中每一个细节，终于找到了其错误的所在。

第二天上午，玻尔胸有成竹地来到会场，他走到黑板前，首先画出了爱因斯坦的实验装置，指出了他的错误，然后再回过头阐述并协原理的正确性。这一下爱因斯坦无言可答了。当然，这两位科学巨人的争论还在继续下去，但是，在 1930 年这次最严重的冲突中，玻尔取得了胜利。后来，爱因斯坦说："对真理的追求比对真理的占有更为可贵。"

是的，正是由于科学巨人的争论，才使科学理论一步一步地走向真理。

1943 年，纳粹铁蹄踏上丹麦国土，玻尔也开始受到德国人的严密监视。

一天，玻尔接受了一位神秘客人的来访，客人交给玻尔一把钥匙，回到屋里，玻尔关严门窗，谨慎地从钥匙上的洞眼里取出一卷微型卷。原来是英国科学界的一位老朋友写来的密信，邀请他去英国工作，信中说："如果您愿意的话，将有人为您妥善拟定行动方案。"

但是，在祖国危难的时刻，他想到的是作为一个民族的儿子，应该忠于自己的祖国，于是他用同样的方式谢绝了朋友的好意。但当得知盖世太保要将玻尔押往德国，他才决定出逃。那时，许多科学家都不愿意为法西斯效力，玻尔更是痛恨不已，所以他把生死置之度外。9月29日，他逃出了法西斯的魔爪，来到英国。

玻尔在英国住了不久，就到美国。

当时，希特勒在霸占世界的侵略野心驱

讲台上的玻尔

使下，已经开始了秘密地研制原子弹。为了粉碎德国纳粹分子的罪恶野心，美国总统罗斯福接受了爱因斯坦研制生产原子弹的建议。玻尔以顾问的身份，参与了在美国洛斯阿拉莫斯制造原子弹的工作。然而，当他获悉，希特勒无力生产这种武器以后，他便亲美国总统罗斯福取得了一致的看法——绝对禁止使用原子弹。可是，罗斯福不久便去世了，这使玻尔的努力化为泡影。

1945年8月6日，一架美国飞机在日本广岛上空扔下了一枚原子弹,使数万普通居民瞬间丧生,破坏极其惨重。

科学怎么会给人类带来这样大的灾难?科学家们惊呆了!玻尔愤恨不已,于是,他撰写了一封公开信《科学与文明》发表在《泰晤士报》上,痛击了杜鲁门政府的可耻行径,号召全世界,阻止不把科学的新力量用于为全人类服务的做法。

玻尔再也不想在美国多待一天,1945 年 8 月

玻尔夫妇

底,玻尔返回了丹麦。1962 年 11 月 18 日,玻尔在哥本哈根逝世。

玻尔不仅在科学事业上取得了巨大的成功,而且他还有一个非常幸福的家庭。他共有 6 个孩子,长子青年时期因划船失事溺死在海上,其他的孩子都沿着父亲的足迹向科学进军。他的儿子奥格·尼尔斯·玻尔因发展了原子核结构理论而于 1975 年获得了诺贝尔物理学奖。

玻尔,1885 年 10 月 7 日生于丹麦哥本哈根,是 20 世纪量子物理学最著名的科学家之一。他最先应用量子理论,来研究物质的原子结构和分子结构问题。他曾是量子物理学发展过程的主导人物,也做出了主要贡献。

1930 年起,他继续从事关于量子理论引起的认识论问题,同时还对核物理学这个新领域做出了贡献。玻尔曾把原子核比作一个液滴,他的液滴概念是理解许多核过程的关键手段,特别是 1939 年在理解核裂变的实质中起了重要作用。

1940 年德国人占领了丹麦的国土,

老年玻尔的画像

面对纳粹的权势,玻尔尽力维持研究所的日常工作以及保护丹麦文化。1943 年,由于他是犹太血统并且从不掩饰反纳粹观点,纳粹决定逮捕他。丹麦地下抵抗组织在深夜秘密地把玻尔和他的家人用渔船送到瑞典。几天后,英国政府派一架没有武装的蚊式轰炸机把玻尔一家带到了英国。在后来的两年中,玻尔和儿子奥格在一起参加了裂变核弹的工程。奥格以后也成为了一位理论物理学家,他主持了理论物理研究所,并获得了诺贝尔物理学奖。在英国工作了几个月,他们就和英国的研究组一起搬到了美国新墨西哥州的洛斯阿拉莫斯研究中心。

玻尔非常担心原子武器对人类的危害。早在 1944 年,他就曾试图说服英国首相丘吉尔和美国总统罗斯福通过国际间的合作来解决这些问题。虽然没有成功,但玻尔在 1950 年致联合国的一封公开信中提出例如一个"开放世界和合理的和平政策"。他相信为了控制核武器,人民及其思想都必须自由交流。在玻尔的推动下,1955 年日内瓦召开的第一届国际和平利用原子能会议,并建立了欧洲核研究委员会(CERN)。在他获得的众多奖誉中,玻尔曾于 1957 年获得第一届"美国和平利用原子能奖"。

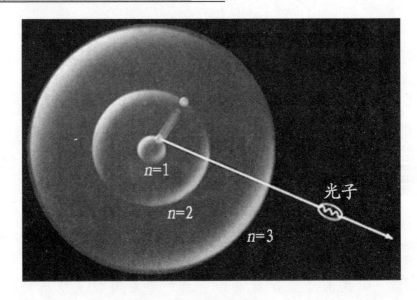

光的波粒二象性

战后,玻尔回到了饱经风霜的祖国——丹麦后,他与他的夫人一直一起居住在哥本哈根一座极富丽堂皇的宅邸。

1962 年 11 月 18 日,这位富有传奇色彩的量子物理学家突然去世,享年 78 岁。

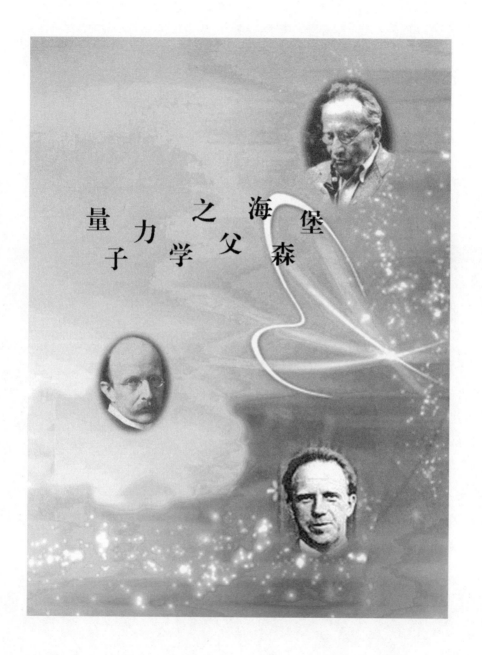

量子力学之父
海森堡

科学的每一项巨大成就，都是以大胆的幻想为出发点的。

——杜威

名句箴言

难以捉摸的电子

现在，每一个具有普通文化的人，都可以根据初等数学和普通物理学的知识，同时准确测定一辆汽车运动的位置和动量。可是对一个电子而言就测不准了，不光是一般人办不到，就连科学家也不能同时准确测定一个单独电子运动的位置和动量。这是为什么呢？

原来,电子体积和质量都太小了,运动的速度又很高,其运动的规律和特点与宏观大块物体不同,所以难住了科学家。不仅电子,其他微观粒子的运动也都表现与汽车、篮球、步枪子弹等宏观物体不同的规律和特点。

一个电子的半径约为 10^{-10} 米;电子的静止质量约为 10^{-25} 千克。可以想象,要测量如此小的微粒运动是何等困难。

如果我们要测定汽车运动的位置和动量,这是很方便的。可以用光线照在汽车上,再反射到观测者或观测仪器,光线对汽车本身的运动不会产生什么影响,或者说影响小到足以忽略不计。

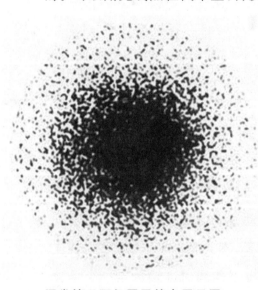

通常情况下氢原子的电子云图

但是,测定电子就不同了。由于电子质量很小,只要被光子打中,就会改变它运动的位置和动量。也就是说,测定过程改变了被测对象原来的状态,测定的结果自然是不准确的。

这个规律是德国著名物理学家海森堡发现的。

单是说不行，要紧的是做。

——鲁迅

名句箴言

海森堡与测不准原理

1901 年，沃纳·海森堡生于德国维尔茨堡，他是一个聪明勤奋的孩子，中学毕业后进入高等学校学习。1923 年，海森堡在慕尼黑大学完成了能量转换理论方面的论文，取得哲学博士学位。之后，他到当时最著名的哥廷根大学，做著名数学家希尔伯特和著名物理学家玻尔的助手。海森堡随这两位大科学家一起工作，对后来的科学研究影响很大。1926 年,海森堡成为哥廷根大学的讲师,并在丹麦著名物理学家玻尔的指导下,从事理论物理学的研究工作。1927 年,海森堡到德国莱比锡大学任理论物理学教授,1941 年,他任德国皇家威廉物理研究所所长,并兼任柏林大学物理学教授。1946 年,他任普朗克物理研究所所长,兼任慕尼黑大学教授,一直到 1958 年。

海森堡

海森堡主要从事原子物理学的研究工作,对量子力学的建立和发展做出了卓越的贡献。

1925 年 5 月,海森堡在去赫尔戈兰岛休养期间,在那里考虑如何把玻尔的原子结构理论应用于更复杂的原子。休养结束后,他立刻就发表了《关于运动学和动力学关系的量子论解释》论文。海森堡指出,物理学理论应当集中注意与可观测量有关的物理量上。玻尔理论的缺陷是,原子核外电子运动的轨道等概念没有建立在可以直接观测的量上。人们只能观测到原子光谱中的各种谱线频率,这些频率与玻尔原子轨道是间接相关的,而且谱线的频率都与两条轨道有关。因此,玻尔原子轨道本身倒不如两条轨道所指定的相应变量更重要。于是,海森堡列出了具有一定条件并与两条轨道相联系的所有变量,并把这些变量用一种特定的数学形式写出来,海森堡把这种数学形式称为乘法规则。海森堡的乘法规则恰好是两个矩阵的乘积,因此,他所创立的量子力学也被称为矩阵力学。

海森堡研究是微观粒子可观测的力学量,每个量用一个矩阵代替。这样,微观粒子一组量的整个集合可似看成

正对应于经典力学理论的动力学变量,如速度、动量、能量等,这些动力学变量代表微观粒子的坐标。

海森堡的论文由他的老师玻尔推荐给《物理学杂志》发表。

海森堡的老师玻尔

随后,海森堡与玻尔和哥廷根大学数学系年轻的助教约尔丹合作,很快完成了全面论述矩阵力学的工作。他们把只讨论一个自由度的体系推广到任意有限个自由度的范

围,引进了正交变换,确立于定态微扰和含时间微扰的理论
基础,讨论了角动量、光谱线强度和选择定则。

海森堡和玻尔

应用矩阵力学不仅可以得出玻尔理论的同样结果,而
且还能说明玻尔理论所不能解释的许多问题。这个理论讨
论的是整个体系,不单是说明单个粒子,它既可以用于原
子,也可以用于分子。

1927 年,海森堡用矩阵力学解释氢分子(双原子分子)
发射光谱。对氢分子光谱中出现强弱交替谱线的现象,海
森堡指出,在氢气中存在两种不同的分子,一种是两个氢原
子核的质子自旋方向相同的正氢分子;另一种是两个氢原
子核的质子自旋方向相反的仲氢分子。正氢是普通的氢分
子,它的丰度是仲氢的 3 倍。1929 年,海森堡的这一论断被

实验所证实。

海森堡由于创立矩阵力学和对氢的研究发现，而于1932年荣获诺贝尔物理学奖。

20世纪20年代，是量子力学创立和发展的黄金时代。

1924年，法国物理学家德布罗意提出物质波的概念；1926年，奥地利物理学家薛定谔创立了波动力学。但是，在理解量子力学的物理含义方面，存在着很多不同认识和深刻的分歧，争论一直尖锐、激烈。1926年10月，玻尔与海森堡为一方，邀请薛定谔到丹麦的哥本哈根，双方就波函数的意义争论了一个星期，没能取得一致的意见，结果是不欢而散。

薛定谔走后，玻尔与海森堡两人又在研究所大楼里彻夜讨论，意见相去甚远。玻尔感到心烦意乱，决定外出度假，海森堡一个人留在研究所。他回忆、思考、分析，这些天来所讨论的内容。突然，海森堡

薛定谔

的脑海中闪出了创造的火花。于是,量子力学的一条基本原理——不确定原理诞生了。

不确定原理也叫测不准原理,即微观粒子的位置和动量(或时间和能量)不可能同时准确测量。海森堡指出,对于比原子还小的微观粒子(或称为亚原子粒子)来说,要想准确测定其位置,就无法准确测定其动量;反之,要想准确测定其动量,就无法准确测定其位置。总之,不可能同时准确测定微观粒子的位置和动量(或时间和能量)。

这个原理可以用一个关系式表示:

$$\triangle x \cdot p \geqslant h/4\pi$$

式中 x 是位置不确定量,p是动量不确定量,h是普朗克常数,也叫基本作用量子。这个关系式叫不确定关系,也叫测不准关系。

测不准关系表明,对微观粒子的测量是有一定限度有,而普朗克常数则是这种限制的尺度。换一句话来说,在一次微粒测量中 x 和 p 不可能同时为零(绝对难确),最理想的测量也只能是 $x \cdot p \approx h/4\pi$

普朗克

不可能出现 $x \cdot p < h/4\pi$ 的结果。普朗克常数是一个微观物理量，它的数值是 6.626×10^{-34} 焦耳·秒，是与能量和时间相关的物理量。按照普朗克的假设，微观系统中一个振子（原子、电子等）的能量改变，并不是连续的，而是一份一份跳跃式地进行，而这个跳跃的最小单元就是基本作用量子 h——普朗克常数。例如原子核外电子跃迁发光，能量只能是 h 的整数倍，即 1hv、2hv、3hv……

从微观粒子波粒二象性来看，普朗克常数 h，把表示实物粒子性的动量 p 和能量 E 与表示波动特性的频率 v 和波长 λ 联系起来了，即 $E = hv$；$p = h/\lambda$。

因此，也可以说，普朗克常数是把微观粒子波动性和粒子性联系起来的纽带。

测不准原理并不是说微观粒子的任何物理量都没有确定值，只是说它们不能同时有确定值。例如，位置 x 绝对准确，其不确定值 $\Delta x \to 0$，根据测不准关系 $\Delta x \cdot \Delta p \geq h/4\pi$，那么 $\Delta p \to \infty$，此时动量 P 的值是无法确定的。由于两个差值（不确定值）乘积有一定限度（大于普朗克常数），一个量的差值越小，另一个量的差值必然越大。也就是一个物理量值越准确，另一个物理量值就越不准确，同时准确是不可能的。

测不准原理是微观粒子运动规律和特点的反映，测不准关系是微观粒子特有的属性所决定的。这种不确定性不是由于测量操作不准确和测量仪器不精密所造成的,而是微观粒子特有的规律和测量过程对被测对象干扰所产生的自然结果。

英国物理学家狄拉克指出,在微观领域,我们必须假定,对我们观察力的精细程度和伴随着的干扰的微小程度有一个限度,这个限度是事物本质中所固有的,观察者方面的任何改进技术和提高技巧,都不可能超过这个限度。

英国物理学家狄拉克

那么,不确定关系或测不准关系是不是也适用于大块宏观物体呢?像汽车、子弹、皮球等,是不是也都测不准呢?回答是肯定的。

实际上,测量过程干扰和影响被测对象的现象,日常生活和宏观测量中也同样发生。要测轮胎里的气体压力,就必须把轮胎里的气体放出一点到气压表中,这样一来,我们测量过程就改变了被测轮胎内的气压,测得的结果并不是原来的气压,而是放出一点气之后的压力了;要测量水盆里水的温度,将温度计放在水里,温度计要吸收或放出一定的热量而使水温与温度计温度相同,由于温度计放入水中而改变了水温,测量结果也不是原来的水温,用电流计测电路中的电流时,也要消耗被测电路中的一点电流使电流计指针移动,如此等等。任何测量都或多或少对被测对象造成干扰和影响,测不准原理是普遍适用的。

但是,由于普朗克常数很小,汽车、子弹、皮球、轮胎、温度计等太大,测量过程对这些宏观大块物体的干扰微乎其微,完全可以忽略不计。而研究电子、光子等微观粒子时,这种干扰相对来说就大到非计不可的程度了。

德国物理学家沃纳·卡尔·海森堡由于在取得整个科学史上的最重要的成就——量子力学的创立中所起的巨大作用，于1932年获得诺贝尔物理奖。

正在讲学的海森堡

力学是研究物体运动普遍规律的物理学分支。它是物理学的最基本分支，又是最基础学科。在20世纪初的岁月里，人们逐渐认识到公认的力学定律不能描写极其微小物体，如原子和亚原子粒子的行为，他们对此感到迷惑不解，忐忑不安，因为公认的定律应用于宏观物体(即比个体原子大得多的物体)时是白璧无瑕,完美无缺的。

1925年,沃纳·海森堡提出了一个新的物理学说,一个在基本概念上与经典牛顿学说有着根本不同的学说。这个新学说——在海森堡的继承人做了某些修正后取得了光辉的成果,今天被公认为可以应用于所有的物理体系,而不管其类型如何或规模大小。

用数学能演证出:在只涉及宏观体系的情况下,量子力学的预测不同于经典力学的预测,不过由于两者在量上差别太小而无法度量出来(由于这种原因,经典力学在数学上比量子力学简单得多可用于大多数的科学运算)。但是在涉及原子量纲体系的情况下,量子力学的预测与经典力学的预测迥然各异。实验表明在这样的情况下,量子力学的预测是正确的。

海森堡学说所得出的成果之一是著名的"测不准原理"。这条原理由他在1927年亲自提出,被一般认为是科学中所有道理最深奥、意义最深远的原理之一。"测不准原理"所起的作用就在于它说明了我们的科学度量的能力在理论上存在的某些局限性,具有巨大的意义。如果一个科学家用物理学基本定律甚至在最理想的情况下也不能获得有关他正在研究的体系的准确知识,那么就显然表明该体系的将来行为是不能完全预测出来的。根据测不准原理,不管对测量仪器做出何种改进都不可能会使我们克服这个困难!

测不准原理表明从本质上来讲物理学不能做出超越统计学范围的预测(例如,一位研究放射的科学家可能会预测出在三兆个原子中将会有两百万个在翌日放射 γ 射线,但是他却无法预测出任何一个具体的镭原子将会是如此)。在许多实际情况中,这并不构成一种严重的 限制。在牵涉到巨大数目的情况下,统计方法经常可以为行动提供十分可靠的依据;但是在牵涉到小数目的情况下,统计预测就确实靠不住了。事实上在微观体系里,测不准原理迫使我们不得不抛弃我们的严格的物质因果观念。这就表明了科学基本观发生了非常深刻的变化,的确是非常深刻的变化以至于像爱因斯坦这样的一位伟大的科学家都不愿意接受。爱因斯坦曾经说过:"我不相信上帝在和宇宙投骰子。"然而这却基本上是大多数现代物理学家感到必须得采纳的观点。

显而易见,从某种理论观点来看,量子学说改变了我们对物质世界的基本观念,其改变的程度也许甚至比相对论还要大。然而量子学说带来的结果并不仅仅是人生观的变化。

　　在量子学说实际应用的行列之中,有诸如电子显微镜、激光器和半导体等现代仪器。它在核物理学和原子能领域里也有着许许多多的应用;它构成了我们的光谱学知识的基础,广泛地用于天文学和化学领域;它还用于对各种不同论题的理论研究,诸如液态氦的特性、星体的内部构造、铁磁性和放射性等等。

量子力学之父海森堡

沃纳·海森堡于 1901 年出生在德国,1923 年在慕尼黑大学获得理论物理学博士学位。从 1924 年到 1927 年他在哥本哈根与丹麦著名的物理学家玻尔共事。他的关于量子力学的第一篇重要论文发表于 1925 年,他对测不准原理论述的结果于 1927 年问世。海森堡 1976 年溘然长逝,享年 75 岁,他留下了妻子和 7 个儿女。

中子
和
子
发
介
的
现

名句箴言

我们必须有恒心，尤其要有自信力！我们必须相信我们的天赋是要用来做某种事情的，无论代价多么大，这种事情必须做到。

——居里夫人

打开原子核的大门

1932 年，从英国著名的剑桥大学卡文迪许实验室里传出一条惊人的消息：中子被发现了。它是英国著名物理学家查德威克用 α 粒子轰击元素铍的实验中发现的。查德威克是现代原子科学奠基人卢瑟福的学生。

詹姆斯·查德威克，1891 年 10 月 20 日出生于英国的曼彻斯特。上中学时，他各门功课成绩均衡发展。他给人

的印象是沉默寡言，但他的学习方法却有独到之处。无论是平时做作业还是参加考试，凡是他不懂的题目就不做，决

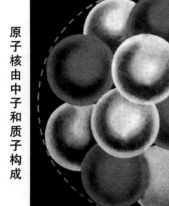

原子核由中子和质子构成

不为应付作业或取得高分而马虎从事；他会做的题目，则做得一丝不苟，力求百分之百地正确。他的座右铭是："不成功则已，要成功，成绩就应该是颠扑不破的。"正是由于这种不图虚名、实事求是的精神，使他一生的

科学研究屡获成功。1908 年，查得威克考入曼彻斯特大学，学习物理学。由于他的物理成绩突出，1911 年，他在曼彻斯特大学毕业时，荣获物理优等生的称号。

大学毕业后，他被留校任教。第二年，他考取了卢瑟福的研究生，在这位原子核物理学大师的指导下，研究放射线的几个课题。不久他用 α 射线穿过金属箔时发生偏离的实验，有力地证实了原子核的存在。两年后，获取了理科硕士学位。同时因学习成绩优异获奖学金去德国夏洛滕堡大学，跟随计数管的发明者盖革学习放射性粒子探测技术。

正当他以全部的热情投身于科学研究的时候，一件不幸的事情发生了：第一次世界大战爆发后，英国和德国成了

敌对的交战国。当时在柏林全身心投入科研工作的查德威克,迟迟未撤离德国。虽然他根本没有参加过战争,却被德国政府当作"战俘"扣留在柏林郊区的一个集中营里。这对于一个酷爱科学的人来说,不得不放弃心爱的科学研究,是十分令人痛苦的事,但是,他并没有绝望,借助于德国同行普朗克、能斯特和梅特涅的帮助,查德威克和其他几位战俘科学家居然在集中营里造起了一间小小的研究室。一开始,他们只有 6 个人,用了一间能拴两匹马的破马棚,做起放射性实验来。他还写信告诉他在英国的老师卢瑟福说:"我在这里正专心致志地研究 β 射线。"

1919 年,残酷的战争结束了。德国是战败国,它无条件地释放了所有的战俘,查德威克获得了自由,回到了英国。这时他的老师卢瑟福已调至剑桥大学担任卡文迪许实验室主任,他也随之来到剑桥大学,重新在卢瑟福的指导下从事放射性研究。

1920 年,他通过对 α 粒子散射所进行的测量,最先测定了原子核所带的绝对电量,即核电荷数。

早在 1919 年,卢瑟福用氮第一次探测到核蜕变效应。此后查德威克在老师的这项工作的基础上,继续向前探索,发现了 γ 射线引起的核蜕变。由于他在研究上的出色成绩,1923 年他被提升为剑桥大学卡文迪许实验室副主任。他与老师卢瑟福密切合作,使这个实验室吸收了不少很有名望的学者,共同从事粒子的研究,取得了一系列重要的科研成果。此时,他本人也深深为利物浦的艾琳·斯图尔特·布朗小姐所爱慕,1925 年,34 岁的查德威克和她喜结良缘。

结婚后,查德威克和布朗小姐过着美满的家庭生活,他有两个女儿。业余时间他爱好园艺,兴致浓的时候还带着妻子女儿一起去河边垂钓。可是后来他常常连续几个月不回家,是什么使他这么着迷呢?

原来,早在 1896 年,法国科学家亨利·贝克勒尔发现放射性现象,当时物理学家把它解释为原子核的自发衰变,这说明原子核是由许多更小的微观粒子构成的。后来发现了电子和质子,并且知道质子是原子核的一个组成部分。然而,除了氢以外,所有元素的原子量和质子数都不相等,这说明原子核中除质子外还应该有一种不带电的粒子存

法国科学家贝克勒尔

在。这一想法最先是丹麦著名物理学家玻尔提出来的,接着他把这一想法告诉了卢瑟福。卢瑟福心想:原子中有带

负电的电子,有带正电的质子,为什么不可以有一种不带电的"中子"呢?于是卢瑟福就组织他的学生在卡文迪许实验室开始进行一项规模巨大的实验计划,希望能把这种不带电的"中子"从轻元素的原子核中"踢"出来,从而直接证明它们的存在。但经过多年的艰苦努力,用各种不同的轻元素分别做实验都没有取得成功。但是卢瑟福关于中子的想法却牢牢印在了查德威克的脑海中。

1930 年,在一次国际会议上德国物理学家玻西的报告说,他在用 α 粒子轰击铍靶时观察到一种具有很强的辐射,它能穿透几厘米厚的铅板。据当时所知,被轰击物质所产生的全部射线中,只有 γ 射线能够穿透厚铅板,于是他没有继续做深入研究,就将它作为 γ 射线做了报道。

一年后,法国物理学家约里奥·居里夫妇重做了玻西的实验,得出了相同的结果。他们拿来一种物体放在射线经过的路径上进行实验。当

伊伦·约里奥·居里

由碳和氢两种轻原子构成的石蜡碰到这种射线时,他们发现石蜡的质子被打了出来。当时谁也没有发现过 γ 射线有如此性能。于是约里奥·居里夫妇就报道说他们发现了 γ 射线的新作用,至于这种射线究竟是不是 γ 射线,他们却没有去深入思考。

关于这种现象,查德威克想起了卢瑟福的预言。于是,他带着寻找中子的强烈愿望,一头扎进了实验室里。成百次的实验,使他忘记了心爱的女儿和时时牵挂的妻子。他发现这种穿透力极强的射线,运动速度与 γ 射线大不相同,γ 射线几乎以光速前进,而这种射线的行进速度仅有光速的十分之一。

查德威克进一步深入探索,用这种射线打击别的物体,发现其中的个别粒子能以极大的力量打进该物体的原子核内,从而撞出该核内的质子来。这更是 γ 射线做不到的,因为 γ 射线没有质量,当然也就没有动量,因而根本不能将质子从原子里撞出。查德威克由此推断,这种射线不是 γ 射线,而是由比电子大得多甚至与质子一样大的粒子组成的。

1932 年,查德威克继续实验,打算测出这种射线粒子的质量。有一天他又钻进实验室里,重复他的实验。当他得到这种新射线粒子后,又用这种粒子轰击硼,从新产生的原子核所增加的质量,计算加到硼中去的这种粒子的质量,结果算出新粒子的质量与质子大致相等。这时,他终于看到玻西和居里夫妇所说的 γ 射线,正是卢瑟福预言的中子。

"中子!这是我们多年寻找的中子!"查德威克兴奋地喊道,全实验室的人们都闻讯围了上来,与他共同分享这成功的喜悦。

查德威克成名了,他的中子论已经被后来的无数科学实验所证实。为此,他在 1935 年获得了诺贝尔物理学奖。随之而来的是各种光荣的称号,甚至英国皇家的婚丧喜庆也邀请他,可他一点也不感兴趣并非常感慨地说:"学者有时需要适可而止的鼓励。但实际上,那些鼓励根本无助于学者的智慧。所以我要奉劝世人,不要把学者捧上了天,更不应该把他们当成工具。"

当他发现自己眼看要从一个学者变成人间的点缀品和装饰物时,他在皇家学会举行的大会上痛心疾首地呼喊:"剥夺科学家的时间,等于公然摧残人类的知识和文明。"

中子的发现,不仅打开了认识原子核的结构大门,而且带来了一系列理论上的深刻变革。中子发现后不久,海森堡提出了原子核是由质子和中子组成的模型,这种模型解释了当元素以递增质量排列时,为什么原子量的增大要比原子序数的增大快得多,而且说明了特定元素的同位素都包含相同个数的质子,但包含不同个数的中子。

第二次世界大战期间,查德威克先是在英国致力于铀的分离工作。后来,他作为英国代表团团长,率领一批科技专家前往美国的原子弹研制中心洛斯阿拉莫斯，参加首批原子弹的研制工作，即"曼哈顿计划"。当第一颗原子弹试制成功后，查德威克筋疲力尽回到英国。

查德威克

　　战争结束后，他主要从事核物理和粒子物理的研究工作，开发原子能的利用。

　　1974 年 7 月 24 日，查德威克在剑桥大学辞别了人世，终年 83 岁。他作为当代最杰出的原子核物理学家之一，并且是著名的教育家，他对原子科学所做的贡献永远地载入现代科学史册。

名句箴言

为了争取将来的美好而牺牲了的人，都是一尊石质的雕像。

——伏契克

汤川秀树发现介子

1949年冬，日本，举国上下一片沸腾，洋溢着欢乐喜悦的气氛。这是日本战败后，从未有过的场面。知识界更是异常兴奋，欢歌笑语……汤川秀树成了日本人人皆知的伟大的名字。

汤川秀树是日本物理学家，由于"在有关核力的理论工作的基础上预见了介子的存在"而获得1949年度的诺贝尔物理学奖。

他是第一个获得诺贝尔物理学奖的日本人，这标志着明治维新以后的第 80 个年头，日本已脱离幼年和少年期而进入青年期，同时也标志着日本在科学方面已赶上了西方，他们怎会不高兴呢！

汤川秀树

"科学啊！您以巨大的力量，使这个战败国挺起了胸膛，人民露出笑容。"

那么，汤川秀树是怎样取得如此辉煌的成就，走到科学的前沿阵地的呢？让我们看一看他的科学足迹吧！

汤川秀树，原名小川秀树，1907 年 1 月 23 日出生于日本首都东京。父亲小川琢治是京都大学的地理学教授，他家有 4 个儿子和 2 个女儿，汤川秀树是三儿子。4 个儿子后来都成为教授，两个女儿后来也都嫁给教授，堪称为教授之家。汤川秀树后来成为医学家汤川玄洋的养子，所以由小川秀树改名为汤川秀树。

汤川秀树从小受到了良好的家庭教育，父亲常常带他到山间林地领略大自然的风光，同时还给他讲解古希腊自然哲学家的思想。在父亲的影响和教育下,少年的汤川秀树就树立了朴素的唯物主义思想,养成了注重实践,向大自然提出问题,然后努力寻求答案的学习作风。

他五六岁时即从外祖父那里学读中国的古代典籍,少年时代便开始博览群书,日本和西方的古典作品都是他涉猎的对象,使他养成了一种兼容并蓄、富于独创的治学方法。

他从小学到中学,学习成绩一直名列前茅,尤其是英语成绩更为突出,他对语言十分偏爱,又自学了德文,这为以后的科学研究奠定了基础。

中学毕业后,他以优异的成绩考入日本著名的京都大学。

1929 年,大学毕业后,汤川秀树受聘在大阪大学任教,1932 年担任京都大学物理学讲师。1933 年至 1936 年,他转任大阪大学讲师。

这时,物理学正值变革时期,普朗克的量子论揭开了现代物理学的序幕,把科学引入到了原子时代;卢瑟福打开了原子迷宫,原子物理学获得了飞速发展。1932 年,查德威克发现了中子。接着,德国物理学家海森堡和前苏联物理学家伊凡宁柯,又相继提出了原子核是带正电的质子和不带电的中子组成的模型,使人们清楚地认识到:物质是由原子构成,原子是由原子核和核外电子组成,而原子核是由质子和中子组成的。但是,在这个理论中,还有两大难题尚未得到解决:一是,原子核既然不含电子,那么β蜕变中的电子又是怎样从核中发射出来的? 二是,质子既然带正电荷,质子与质子间就必然存在静电斥力,原子核中的质子和质子、质子和中子靠什么力紧密地结合成一个坚固的"球"——原子核,而不因静电斥力飞散开来?

第一个问题是由费米在1933年提出的β衰变理论解释的,即放射性元素之所以放出β粒子(电子),是由于原子核内的一个中子变为一个质子,同时放出一个电子和一个中微子的缘故。第二个问题便成了一个悬而未决的疑难。

正在大阪大学任讲师的汤川秀树,下定了决心去解决这一问题。

早在中学时代,汤川秀树就对物理学有浓厚的兴趣,特别是1923年现代物理学奠基人爱因斯坦到日本访学,通过新闻媒介使他对爱因斯坦有了初步了解,从而激发了他献身物理学事业的信心。

有一天,他找到了一篇介绍量子理论的文章,汤川秀树看了半天却没有弄懂。当然,那时不要说中学生,就是在日本科学界能够真正理解这门学科的人也是寥寥无几。可是,汤川秀树却没有灰心,他几乎走遍了京都的书店,最后,终于找到了一本普朗克的著作《理论物理引论》。这本著作后来成了他的好伙伴,他一边查德文字典,一边阅读着,最后终于弄懂了量子理论。

考入京都大学使他非常兴奋，以为一定能大开眼界，学到许多有关原子物理的知识。遗憾的是当时京都大学还没有专门从事量子力学研究的人，使得他大失所望。一天，他听到著名教授长冈半太郎进行"今昔物理学"专题讲座，这使他开阔了学术视野，激发了他自学的决心。

4月，正是日本樱花盛开的季节，整个京都都沉浸在浓郁的春意之中。春意盎然的风光并没有招来汤川秀树的喜爱，因为在他看来，萧然寂静的图书馆比春光更迷人，因为那里是无穷无尽的知识海洋。当图书馆员看到汤川秀树和朝永振一郎，每天都在这里查阅一些新出版的国外杂志，尤其是德文刊物时，无不感到惊叹！他们根本不会想到后来这两位学生都相继获得了诺贝尔奖。

是的，科学的天才出自勤奋，他们没有名师指导，没有系统正规的课本，他们互相帮助，共同探讨，以顽强的毅力向量子力学的高峰不断冲击，不畏艰辛地向这门科学的顶点攀登。

渐渐地，汤川秀树不满足于自己总是跟着人家的后面学。赶超世界先进水平的决心开始在他的头脑中涌现出来。

果不其然，汤川秀树通过自学攻破了原子物理学一大堡垒，达到科学的顶峰。

1935年,汤川秀树找到了原子核中的质子和质子、质子和中子能够紧密地结合在一起的原因。他提出在原子核中存在一种新型的场力,叫作核力,它即

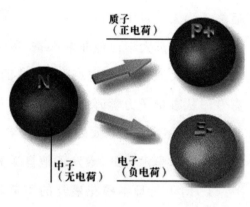

核力

不同于电磁力,也不同于万有引力。这种场力与电磁场力十分类似;电磁场力可以认为是在带电粒子之间交换光子形成的,而核力则也可以认为是在核子之间交换一种粒子形成的。原子核之所以坚不可摧,就是这种力的作用。

因此,有名的"介子理论"从此诞生在东方的物理王国。介子理论明确了这样一个问题:自然界中应该有一种质量为电子的200～300倍的粒子,是质子或中子质量的1/6～1/8,它可以带电,也可以不带电,就是这种粒子形成了核力。由于它的质量介于电子和质子质量之间,所以起名叫作"介子"。正是介子使得质子克服了它们之间的同性电斥力而和中子一起紧紧地组成了原子核。汤川秀树指出,介力场围绕着质子、中子,正像电磁场围绕着电子一样,当电子受到碰撞而发生运动时,它周围的电磁场就会以光的形式播散出来,当一个质子或中子受到碰撞时,也会放出介

子,所以宇宙射线中应该可以发现介子。

这一理论提出后,没有得到日本学术界的高度重视。不错,一个大学的小讲师,重大的科学发现怎会在他手中产生呢?

1937 年,一个令人振奋的消息传到了日本,日本学术界顿时沸腾起来。美国物理学家安德森等人利用威尔逊云室,在宇宙射线中发现了一种比电子质量大约 200 倍的新粒子,于是汤川秀树的理论得到了证实,介子理论立即受到了日本乃至全世界学术界的重视。东方的一颗科学明星顷刻间升在日本的上空。1939 年,他被聘为京都大学教授;1940 年汤川秀树荣获日本科学院帝国奖金;1943 年又授予他文化勋章,成为日本科学院院士和日本物理学会会员。

然而,人们发现,宇宙射线中的粒子,即 μ 介子与核力根本没有关系,它只能发生弱相互作用,不参与强相互作用。于是,1942 年,汤川秀树又提出了一种新的假设,认为宇宙射线中的那种介于不直接与核力有关,而是一种较重的介子衰变而成,这种较重的介子与核子发生强相互作用。

1947 年,英国物理学家鲍威尔用超灵敏的仪器,终于在宇宙射线中发现了汤川秀树预言的较重的介子,并命名为 π 介子,μ 介子就是由它在很短的时间内衰变而成的。1948 年,美国伯克利实验室人工生产出各种介子,至此,汤川秀树的介子理论才得到普遍承认。由于汤川秀树提出了 π 介子理论,对原子物理学的贡献卓著,1949 年,他获得了诺贝尔物理学奖。

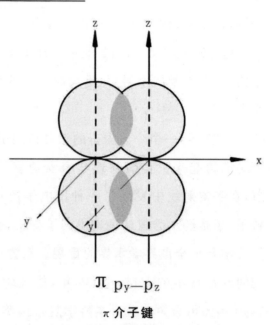

π p_y-p_z

π 介子键

从汤川秀树"π 介子理论"的提出,到 π 介子的发现,标志着人类对物质的认识又向前跨进了一步,使人类认识从原子核进入到基本粒子的领域,所以说,汤川秀树的理论是具有划时代意义的。美国物理学家奥本海默曾说:"汤川秀树博士预言介子的存在,是最近 10 年来为数甚少的极富科学成果的理论之一。"

1948 年,在奥本海默的邀请下,汤川秀树到美国普林斯顿高等学术研究院参加核物理研究小组,1949 年改任哥伦比亚大学教授,直到 1953 年回到日本。后任京都基础物理研究所所长。他于 1956 年创办的《理论物理学进展》杂志,是国际上最出色的物理学学术期刊之一,发行世界各地。

1981 年 9 月 8 日,汤川秀树因病去世。为了纪念汤川秀树的科学功绩,鼓舞后人,京都大学修建了汤川纪念馆。

粒子物理学又称高能物理学或粒子物理学或基本粒子物理学,它是物理学的一个分支学科,研究比原子核更深层次的微观世界中物质的结构性质,和在很高的能量下,这些物质相互转化的现象,以及产生这些现象的原因和规律。它是一门基础学科,是当代物理学发展的前沿之一。

人们对于物质是由原子构成的思想,由哲学的推理变成了科学的现实经历了两千多年,形成了现代的基本粒子的思想。

2400年前,希腊哲学家德谟克利特和中国战国时期的哲学家惠施提了原子的概念。之后的两千多年间,原子的概念只停留在哲学思想的范畴。

1897年汤姆生发现了电子,1911年卢瑟福证实了带正电的原子核的存在。这样,就从实验上证明了原子的存在,以及原子是由电子和原子核构成的理论。

1932年,实验中查德威克发现了中子,使人们认识到原子核是由质子和中子构成的。由此得出所有的物质都是由基本的结构单元——质子、中子和电子构成的,形成了现代的基本粒子概念。1905 年,爱因斯坦提出光子是电磁场的基本结构单元。1922 年,康普顿等人用实验证实了这一推断。1931 年,泡利又从理论上假设存在一种没有静止质量的粒子——中微子(严格地讲是反中微子)。

电子捕获装置剖面图

相对论量子力学预言电子、质子、中子、中微子都有质量和它们相同的反粒子。1932 年,安德森利发现第一个反粒子(电子的),以后陆续发现了其他粒子的反粒子。

随着原子核物理学的发展,发现除了已知的引力相互作用和电磁相互作用外,还存在两种新的相互作用——强相互作用和弱相互作用。

1934 年,汤川秀树为解释核子之间的强作用短程力,提出这种力是由质子和(或)中子之间交换一种具有质量的基本粒子——介子引起的。1936 年,安德森和尼德迈耶在实验上确认了一种新粒子,其质量是电子质量的 207 倍,这就是后来被称为 μ 子的粒子。μ 子是不稳定的粒子,它衰变成电子、一个中微子和一个反中微子,平均寿命为百万分之二秒。

汤川秀树最初提出的介子的电荷是正的或负的。1938 年,凯默基于实验上发现的核力的电荷无关性的事实,发展了稍早些时候出现的同位旋的概念,建立了核力的对称性理论。

1947 年,孔韦尔西等人用计数器统计方法发现 μ 子并没有强作用。1947 年鲍威尔等人在宇宙线中利用核乳胶的方法发现了真正具有强相互作用的介子,其后,在加速器上也证实了这种介子的存在。

此后人类认识的基本粒子越来越多。就在 1947 年,罗切斯特和巴特勒在宇宙线实验中发现 v

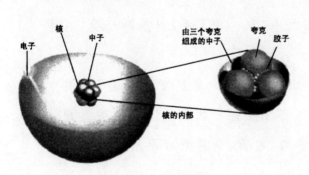

原子核和中子示意图

粒子(即 K 介子)。从这以后来发现了一系列的称为奇异粒子的新粒子。因为它们独特的性质,而引入一种新的量子数——奇异数的概念。在这些奇异粒子中，有质量比质子轻的奇异介子，有质量比质子重的各种超子。在地球上的通常条件下，它们并不存在，只有借助从太空飞来的高能量宇宙线才能产生。

这些发现了的基本粒子加上理论上预言其存在的引力子，按相互作用的性质，可分成引力子、光子、轻子和强子四类。为了克服宇宙线流太弱这个限制，从 20 世纪 50 年代初开始建造能量越来越高、流强越来越大的粒子加速器。实验上也相继出现了新的强有力的探测手段，开始了新粒子的大发现时期。

到了 20 世纪 60 年代头几年，实验上观察到的基本粒子的数目已经增加到比当年元素周期表出现时发现的化学元素的数目还要多。1961 年，由盖耳—曼"八重法"。

八重法分类不但给出了当时已经发现的强子在其中的位置，还准确地预言了一些新的粒子。八重法很好地说明粒子的自旋、宇称、电荷、奇异数以及质量等静态性质的规律性。

在此阶段中，证实了所有的粒子，都有它的反粒子（有的粒子的反粒子就是它自身）。中国的王淦昌发现了第一个带电的反超子。数众多的寿命极短经强作用衰变的粒子——共振态也是此时发现的。

基本粒子大量发现，使人们怀疑这些基本粒子的基本性。基本粒子的概念，面临一个突变。

20世纪40年代到60年代，对微观世界理性认识的最大进展是量子力学的建立。经过一代物理学家的努力，量子力学能很好地解释原子结构、原子光谱的规律性、化学元素的性质、光的吸收及辐射等等现象，特别是当它同狭义相对论结合而建立相对论性量子力学以后，它已经成为微观世界在原子、分子层次上的一个基本理论。

但是，量子力学还有几个方面的不足：它不能反映场的粒子性；不能描述粒子的产生和湮没的过程；它有负能量的解，这导致物理概念上的困难。狄喇克、约旦、维格纳、海森堡和泡利等人提出的量子场论很好地解决了这三个问题。

库什和福里1947年发现的电子反常磁矩，他和由兰姆等发现的氢原子能级的分裂，只有通过量子电动力学的重正化理论才能得到正确的解释。

并非所有的基本粒子都是"基本"的想法，最早是在1949年由费米和杨振宁提出的。他们认为，介子不是基本的，基本的是核子，而介子只是由核子和反核子构成的结合态。1955年，坂田昌一扩充了费米和杨振宁的模型提出了强子是由核子、超子和它们的反粒子构成的模型。

　　1961 年,在实验上发现了不少共振态。1964 年,已发现的基本粒子(包括共振态)的种类增加到上百种,因而使得盖耳—曼和兹韦克提出,产生对称性的基础就是构成所有强子的构造单元,它们一共有三种,并命名为夸克。

　　20 世纪 60 年代以来,在宇宙线中、加速器上以及在岩石中,都进行了对夸克的实验找寻,但迄今还没有被确证为成功的报道。在 20 世纪 60 年代和 70 年代,有更多的能量更高、性能更好的加速器建成。虽然在这些加速器上没有找到夸克。但却得到了间接的,但是更有力地说明夸克存在的证据。

　　最早的弱相互作用理论,是费米在 1934 年提出来的。弱作用宇称不守恒的发现,给弱作用理论的研究带来很大的动力。随后不久便确立了描述弱作用地流在洛仑兹变换下应当具有的形式,而且适用于所有的弱作用过程,被称为普适

费米

费米型弱相互作用理论。

1961 年,格拉肖提出电磁相互作用和弱相互作用的统一理论。这个理论的基础,是杨振宁和密耳斯在 1954 年提出的非阿贝耳规范场论。但是在这个理论里,这些粒子是否具有静止质量、理论上如何重正化等问题,没有得到解答。

1967—1968年,温伯格、萨拉姆阐明了作为规范场粒子是可以有静止质量的,还算出这些静止质量同弱作用耦合常数以及电磁作用耦合常数的关系。这个理论中很重要的一点是预言弱中性流的存在,而当时实验上并没有观察到弱中性流的现象。由于没有实验的支持,所以当时这个模型并未引起人们的重视。

1973 年,美国费米实验室和欧洲核子中心在实验上相继发现了弱中性流,之后,人们才开始对此模型重视起来。在 1983 年,鲁比亚实验组等在高能质子—反质子对撞的实验中发现的特性同理论上期待的完全相符规范粒子,这给予电弱统一理论以极大的支持,从而使它有可能成为弱相互作用的基本理论。

目前,粒子物理已经深入到比强子更深一层次的物质的性质的研究。更高能量加速器的建造,无疑将为粒子物理实验研究提供更有力的手段,有利于产生更多的新粒子,以弄清夸克的种类和轻子的种类,它们的性质,以及它们的可能的内部结构。

弱电相互作用统一理论日前取得的成功,特别是弱规范粒子的发现,加强了人们对定域规范场理论作为相互作用的基本理论的信念,也为今后以高能轻子作为探针探讨强子的内部结构、夸克及胶子的性质以及强作用的性质提供了可靠的分析手段。在今后一个时期,强相互作用将是粒子物理研究的一个重点。

把电磁作用、弱作用和强作用统一起来的大统一理论,近年来引起相当大的注意。但即使在最简单的模型中,也包含近20个无量纲的参数。这表明这种理论还包含着大量的现象性的成分,只是一个十分初步的尝试。它还要走相当长的一段路,才能成为一个有效的理论。

另外从发展趋势来看,粒子物理学的进展肯定会在宇宙演化的研究中起推进作用,这个方面的研究也将会是一个十分活跃的领域。

很重要的是,物理学是一门以实验为基础的科学,粒子物理学也不例外。因此,新的粒子加速原理和新的探测手段的出现,将是意义深远的。